리틀 히포크라테스 04

우리 몸을 돌고 도는 피

리틀 히포크라테스 04

혈액

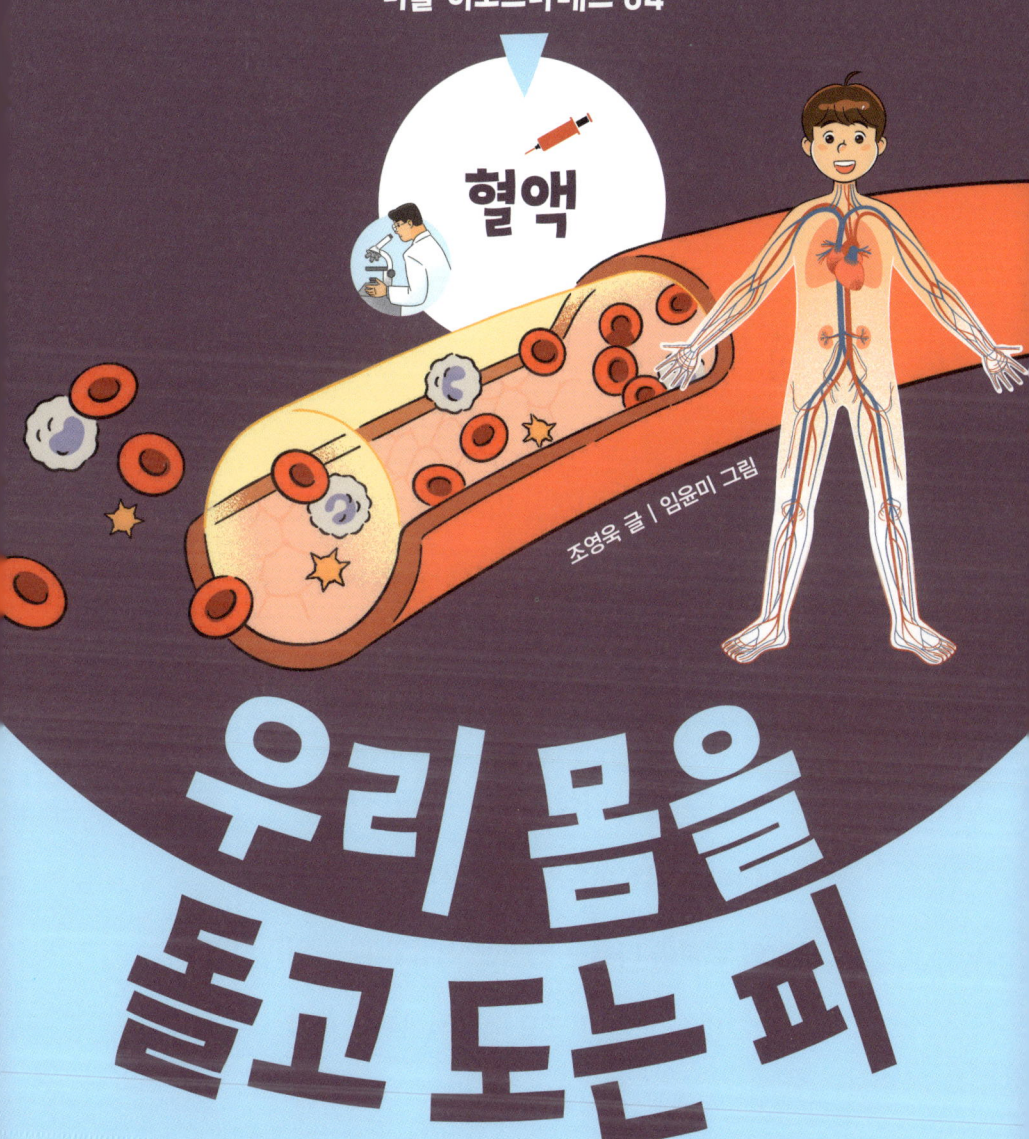

조영욱 글 | 임윤미 그림

우리 몸을 돌고 도는 피

봄마중

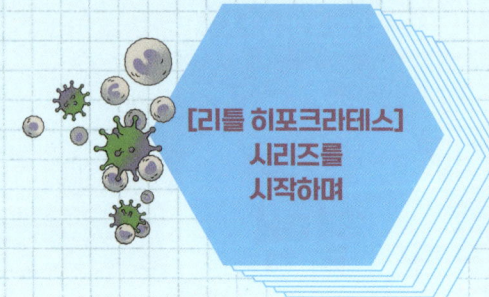

[리틀 히포크라테스]
시리즈를
시작하며

인류의 역사와 더불어 시작된 의학은 질병에 시달리지 않고

건강하게 사는 방법을 연구하는 학문이에요.

의학은 크게 '기초의학'과 '임상의학'으로 나눌 수 있어요.

기초의학은 인체의 구조와 기능에 관한 기본적인 지식을

연구하고, 임상의학은 환자의 질병을

진단하고 치료하는 방법을 공부하는 분야예요.

사람의 생명을 다루는 의학은 어렵고 힘든 일이지만

그만큼 보람이 크고 매력적이기도 해요.

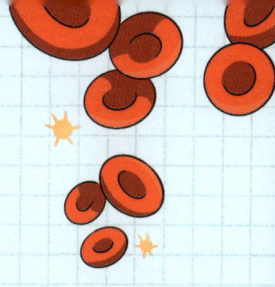

최근 들어 의사가 되려는 어린이들이 늘면서

의학에 대한 관심도 높아지고 있어요.

[리틀 히포크라테스] 시리즈는 어린이들이

인체와 생명의 소중함을 생각하고

의사라는 직업에 관심을 가질 수 있도록

의학의 각 분야를 안내하기 위한 목적으로 기획되었어요.

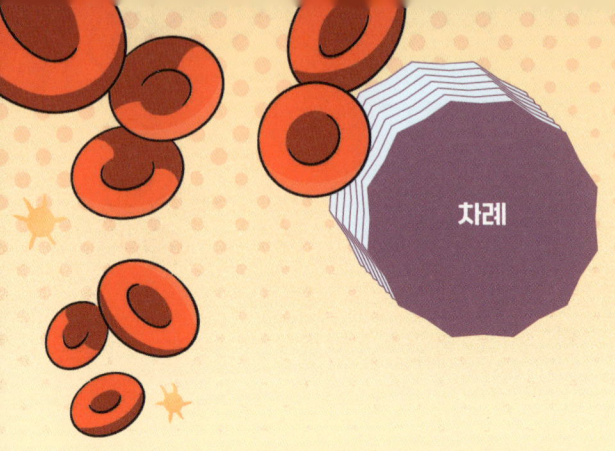

차례

008 **머리말** | 세포에 산소를 공급해 주는 혈액
012 **묻고 답하고** | 혈액이 궁금해

1 혈액은 무엇일까?
018 혈액이 하는 일들 022 혈액이 흐름을 멈추면

2 혈액은 어떻게 몸속을 계속 돌까?
028 우리 몸속 혈액의 양 030 출혈이 위험한 이유 031 심장이 하는 일 033 윌리엄 하비와 혈액순환 이론

3 혈액은 어떤 물질로 되어 있을까?
038 혈장과 혈청 041 산소를 운반하는 적혈구 043 혈액이 빨간 색인 이유

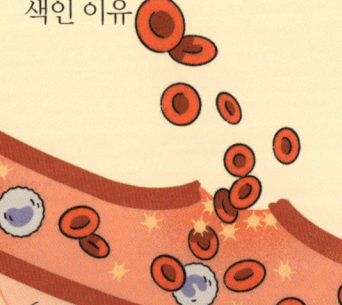

4 산소는 어떻게 우리 몸 전체로 운반될까?

048 혈액이 산소를 운반하는 방법　**052** 혈액이 이산화탄소를 운반하는 방법

5 면역세포는 무엇일까?

058 면역세포 백혈구　**059** 미생물과 바이러스　**063** 면역 반응　**064** 항체를 만드는 림프구　**066** 대식세포　**067** 알레르기 반응　**069** 기생충 질환과 호산구

6 혈액형은 몇 가지일까?

074 혈액형과 항원-항체 반응　**075** ABO 혈액형　**078** Rh 혈액형　**080** 혈액형을 검사하는 방법　**082** 란트슈타이너와 ABO 혈액형

7 혈액 세포는 어떻게 만들어질까?

088 골수에서 만들어지는 혈액 세포와 줄기 세포　**091** 적혈구가 만들어지는 과정　**094** 백혈구가 만들어지는 과정

8 피는 어떻게 저절로 멈출까?

100 출혈과 지혈　**101** 지혈의 3단계　**108** 지혈의 완성　**110** 항응고 작용과 헤파린

114　**맺음말** | 알수록 재미있고 흥미로운 공부, 의학

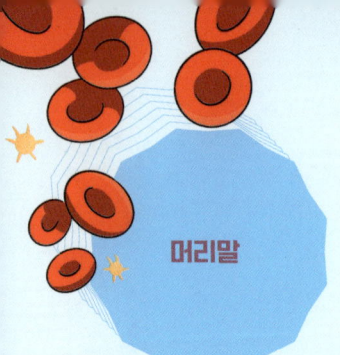

머리말

세포에 산소를 공급해 주는 혈액

코피가 나거나, 칼 같은 날카로운 물건에 베이거나, 놀다가 넘어지거나, 책상 모서리 같은 곳에 심하게 부딪혀서 가끔 피(혈액)가 날 때가 있어. 그럴 때면 아프기도 하고, 무섭기도 해서 울어 버린 적이 있을 거야. 이처럼 일상생활 속에서 우리가 피를 흘리게 되는 경우는 종종 있어.

우리 몸은 대략 5리터(성인 남성 기준)의 피를 가지고 있어. 그중 40%인 2리터 정도의 피를 흘리면 생명을 잃게 돼. 그래서 교통사고 등으로 크게 다쳐 많은 피를 흘리면 위험한 거야. 하지만 피부에서 조금 피가 나다가 멈추는 경우라면 아무런 문제가 없어. 그런데도 검붉은 색깔의 피를 보면 무섭고 걱정스럽지. 아무래도 색깔 때문인 것 같아. 과연 피는

우리 몸에서 어떤 역할을 하는 걸까?

 우리는 세포로 이루어진 동물이야. 식물은 공기 속의 이산화탄소를 흡수해서 산소를 만들어 내고, 동물은 식물이 만들어 낸 산소를 흡수해서 몸속의 세포가 살아갈 수 있는 에너지를 얻지. 만약 공기 중에 산소가 없어지면 우리는 4분 정도밖에 살 수 없어. 그러니까 사람과 같은 동물이 생존하기 위해 가장 중요한 물질은 바로 산소인 거야. 그리고 이렇게 중요한 산소를 우리 몸의 세포에게 골고루 공급해 주는 것이 바로 혈액이지.

 우리 몸속에는 혈액이 흘러가는 길인 혈관이 아주 많이

있고, 그 속으로 빨간색 진한 물감 같은 피가 흐르고 있어. 혈액은 우리가 태어나기 전 엄마 배 속에 있을 때부터 태아의 몸속을 돌면서 세포에 산소를 공급하기 시작해서, 우리가 살아 있는 내내 우리 몸을 끝없이 돌지.

 자, 이제부터 혈액이 우리 몸에서 어떤 일을 하는지, 왜 멈추지 않고 몸속을 계속 도는지, 어떤 물질로 구성되었는지, 왜 빨간색인지, 혈액에 대해 궁금한 것을 하나하나 살펴보기로 하자.

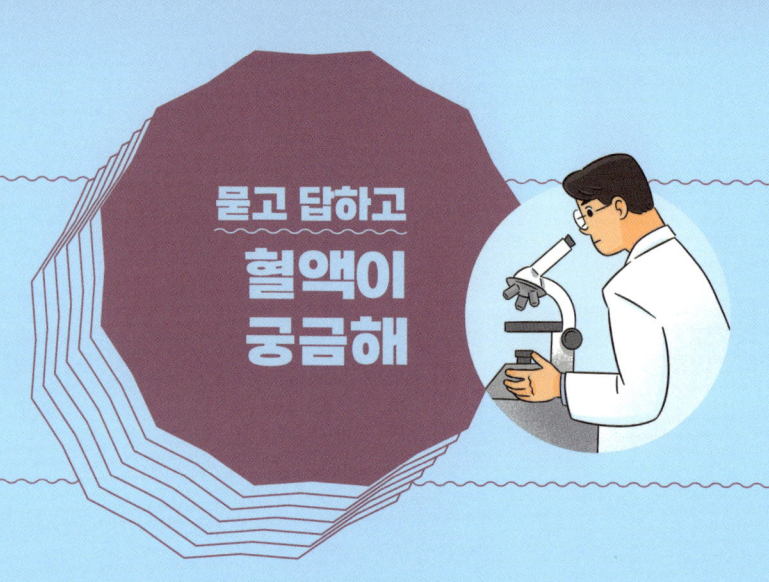

묻고 답하고
혈액이 궁금해

며칠 전에는 뛰다가 넘어져서 무릎에 피가 났어요. 아프기도 하고, 빨간색 피를 보니 무섭더라고요.

 이런. 피가 날 정도라면 꽤 아팠겠구나. 피는 아주 진한 빨간색이라서 좀 무섭기도 해. 피가 빨간 이유는 적혈구라는 혈액 세포 속에 있는 단백질인 혈색소^{헤모글로빈}가 빛을 받으면 붉은색을 띠게 되므로 빨간색으로 보이는 거야. 혈색소가 자극적인 빨간색을 띠도록 진화한 이유는, 아마도 우리 몸에 중요한 피를 흘리는 상황이 되면 빨리 알아채고 적절한 처치를 하거나 아니면 위험한 동물로부터 도망치라는 의미일 거야.

 그렇군요. 그런데 피를 닦으면서 만져 보니 조금 끈적거렸어요.

 맞아. 혈액은 혈관 속을 흐르는 액체 같지만, 그 속에는 산소 공급에 중요한 적혈구들이 아주 많이 떠다니고 있어. 적혈구 외에 백혈구와 혈소판도 있지. 또 단백질, 지방질 등 여러 물질이 녹아 있어서 미끈거리기도 하고 약간 끈끈한 느낌도 들 거야.

 그런데 왜 피가 우리 몸속을 항상 돌고 있어야 하나요?

 그건 혈액이 우리 몸속 세포에게 꼭 필요한 산소를 잘 공급해 주기 위해서야. 크기가 작은 곤충은 혈액이 없어도 산소를 흡수할 수 있지만 모든 동물은 피를 통해 산소를 흡수하거든.

13

그렇다면 피가 몸을 돌게 하는 힘은 무엇인가요?

 심장의 펌프 작용 덕분이지. 심장이 계속 펌프질을 하지 않으면 우리는 산소가 부족해 금방 죽고 말 거야.

 아, 그리고 정말 궁금한 건, 영화나 드라마를 보면 응급실로 피를 많이 흘린 환자가 들어오던데, 만약 피가 부족하면 아무 사람의 피나 주어도 되나요?

 오, 좋은 질문이야. 다른 사람의 피를 주는 것을 수혈이라고 하는데, 피를 받을 사람과 똑같은 혈액형의 피를 주어야 안전해. 같은 혈액형이 아니면 면역 기능을 담당하는 백혈구들이 다른 사람의 혈액 속에 있는 적혈구, 백혈구, 혈소판 같은 세포들을 이물질로 판단하고 공격해서 부작용이 일어날 수 있거든.

 제 혈액형은 A형인데, 혈액형에는 어떤 것들이 있나요?

 혈액형은 A형, B형 AB형, O형이 있어. 우리나라 사람들은 A형이 가장 많고, 그다음으로 O형이 많아. B형과 AB형은 좀 적은 편이지. 혈액형이 인종에 따라 비율이 다르다는 것도 재미있는 점이지.

 만약 특이한 혈액을 가진 사람이 크게 다쳐서 수혈 받아야 한다면 어떡해요?

맞아. 가끔 방송에서 Rh⁻ 혈액형인 사람을 찾는 경우가 있지. 그래서 특수한 혈액형을 가진 사람이 수술을 받아야 할 때는 미리 몇 달 전부터 자기 피를 조금씩 뽑아서 모아 놓았다가 필요할 때 자기 혈액을 수혈 받기도 해. 이것을 자가수혈이라고 하지.

과학 시간에 피 속의 백혈구가 우리 몸에 침입하는 세균이나 바이러스를 죽인다고 배웠는데, 어떻게 가능한가요?

수업시간에 잘 들었구나. 백혈구에는 5가지 종류가 있어. 우리나라를 지키는 군인들도 역할에 따라서 육군, 해군, 공군 등이 있는 것처럼 백혈구도 미생물을 막는 역할에 따라서 5가지로 발달해 왔지. 어떤 백혈구는 우리 몸에 침입하는 세균이나 바이러스와 직접 싸워서 죽이고, 어떤 백혈구는 기생충을 죽이지. 또 어떤 백혈구는 면역 기능이라고 하는 복잡한 방어 기능을 맡기도 해. 마치 정보 담당 군인처럼 미생물에 대한 침입 정보를 감시하고 다른 군인들인 백혈구에게 그 정보를 주어 몸을 보호하게 만드는 거야.

와, 그냥 무서운 빨간색의 액체로만 알았던 피 속에 세포도 있고, 우리 몸에 필요한 여러 가지 일을 한다는 게 정말 신기하네요.

그렇지? 우리 인체는 정말 놀랍고 정말 흥미롭지. 그래서 의학은 재미있는 공부란다.

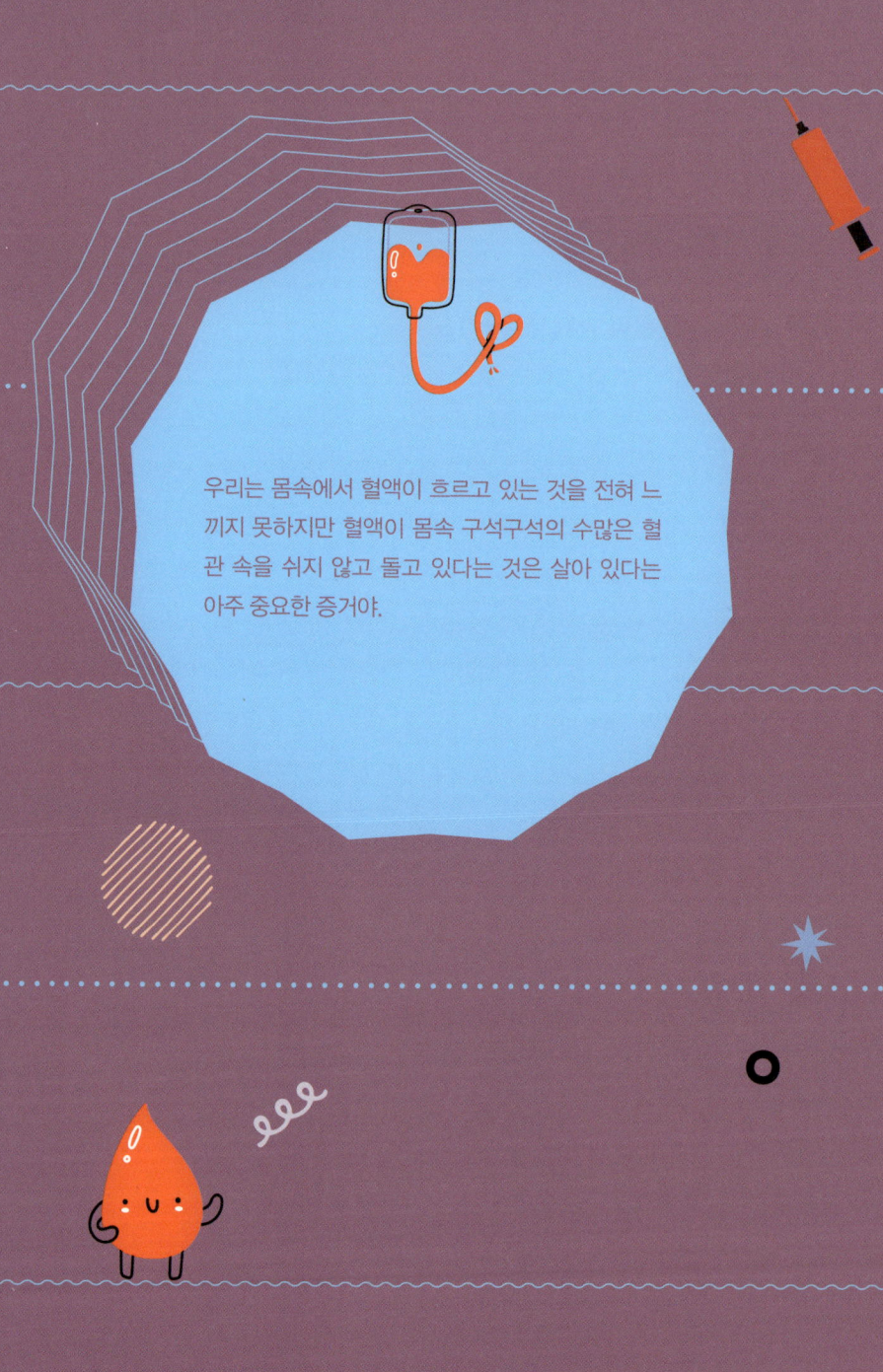

우리는 몸속에서 혈액이 흐르고 있는 것을 전혀 느끼지 못하지만 혈액이 몸속 구석구석의 수많은 혈관 속을 쉬지 않고 돌고 있다는 것은 살아 있다는 아주 중요한 증거야.

1 혈액은 무엇일까?

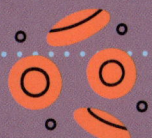

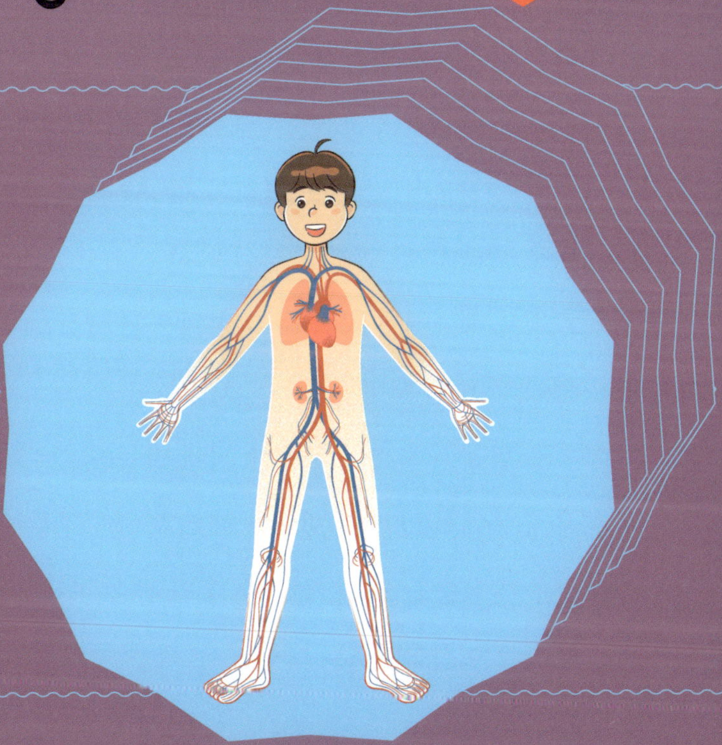

혈액이 하는 일들

우리 몸은 약 10^{12}개, 즉 100조 개의 **세포**가 모여서 만들어진 하나의 생명체야. 세포들이 모여서 근육이나 신경 같은 조직을 만들고, 조직이 모여서 뇌, 심장, 폐, 간, **콩팥**과 같은 장기들을 만들지.

우리 몸을 이루고 있는 세포들이 살아 있기 위해서는 산소와 영양분이 필요해. 산소와 영양분을 공급해 주는 것이 바로 혈액이지. 혈액이 신선한 산소와 영양분을 가지고 흐르면서 세포에게 공급해 주지 않으면 세포는 살아 있을 수 없어. 심하면 생명도 잃을 수도 있지.

또 혈액은 산소를 사용한 뒤에 만들어지는 이산화탄소를 우리 몸에서 없앨 수 있도록 폐로 운반해 주는 역할도 해.

우리가 숨을 쉴 때, 산소는 우리 몸속 혈액으로 들어오고, 몸속의 이산화탄소는 혈액에서 폐를 거쳐 우리 몸 밖으로

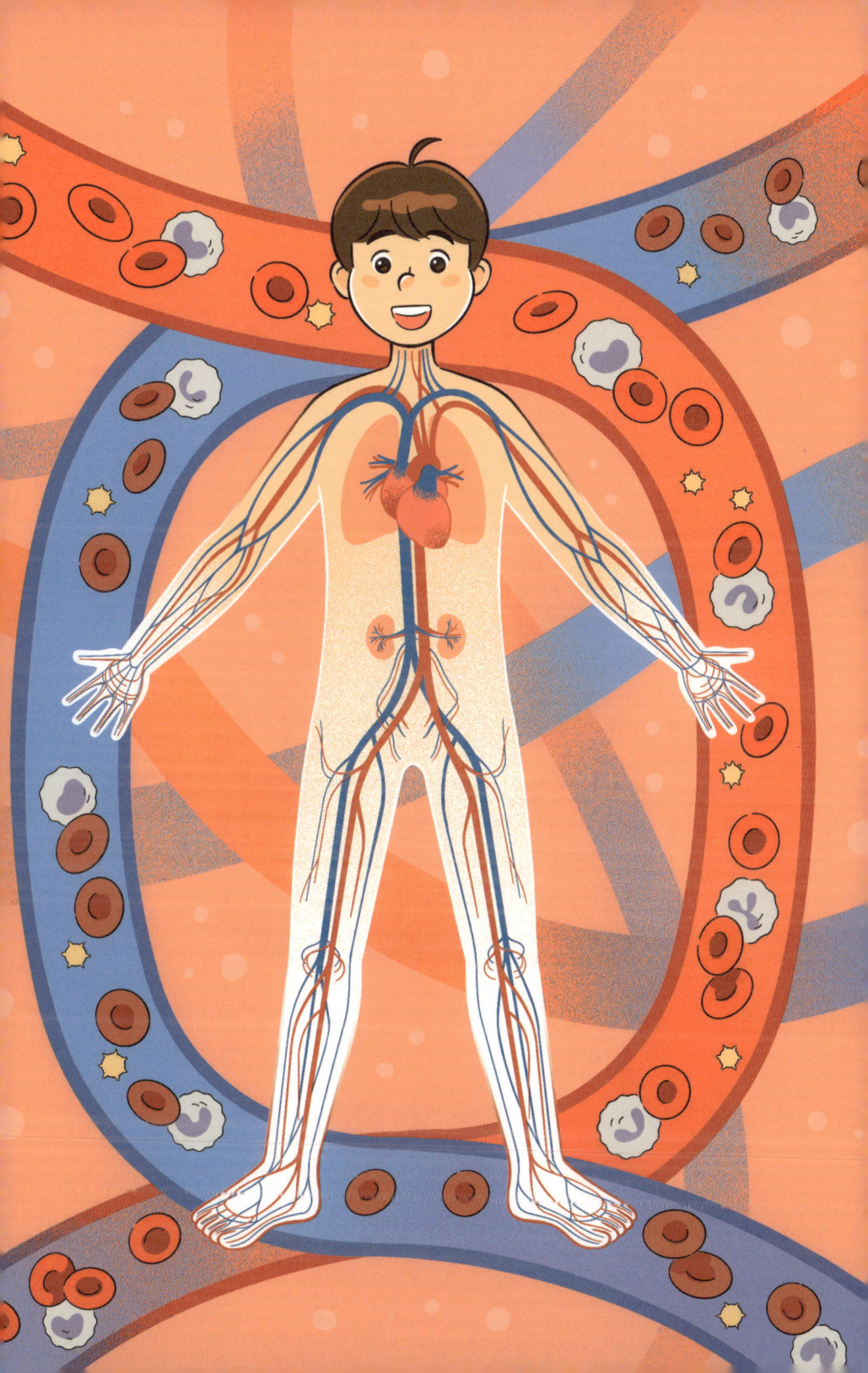

산소를 만드는 식물
식물은 이산화탄소를 흡수하고 산소를 배출한다.

배출되거든. 식물은 우리와 반대로 이산화탄소를 흡수하고, 이산화탄소를 분해해 만들어지는 산소를 밖으로 배출하지. 그렇기 때문에 지구에 식물이 많아야 우리가 산소를 이용해 살아갈 수 있어.

혈액이 운반해 준 영양분을 이용해서 세포들이 살아가는 데 필요한 에너지를 만들고 나면 여러 가지 노폐물이 만들어져. 이런 노폐물은 우리 몸에 쌓이면 안 되므로 소변이나 대변으로 배출되는데, 혈액이 그걸 운반해 주는 거야. 물론 노폐물이 소변이나 대변으로 배출되기 위해서는 간으로 가서 복잡한 과정을 거쳐야 해. 간은 영양분을 분해하고 합성해서 우리가 살아갈 수 있도록 해 주면서, 우리 몸에서 만들어지는 여러 가지 독성 물질을 없애는 역할도 하거든.

또 혈액은 우리 몸에 중요한 호르몬이나 효소도 세포에게 운반해 줘. 호르몬을 분비하는 세포나 효소를 만드는 세포 사이를 돌면서 호르몬이나 효소를 받아가지고 흐르다가 필요한 세포에 넘겨 주는 것이지.

여러 종류의 효소들이 제대로 작용할 수 있기 위해서는 체온이 36.5℃ 정도 되어야 해. 우리 몸에서 열을 만들어 내는 것은 주로 근육 세포들이 담당하는데, 근육에서 만든 열을 우리 몸 전체로 전달해서 일정한 체온이 되도록 하는 것도 혈액이 하는 일 중 하나야. 혈액은 물이 많이 포함된 액체이기 때문에 열을 잘 포함할 수 있기 때문이지.

혈액이 흐름을 멈추면

피를 많이 흘리거나 심장이 멈춰서 혈관 속을 흐르던 혈액의 흐름이 멈추면 어떻게 될까? 혈액의 흐름이 멈추고 4초 정도만 지나도 뇌세포가 이용할 산소가 부족해져 뇌는 서서히 기능을 멈추게 돼. 그러면 우리는 의식을 잃고 쓰러지지. 그러고도 계속 혈액이 흐르지 못하면 뇌세포들이 죽게 되는데, 이렇게 뇌가 죽은 것을 뇌사라고 해. 뇌세포는 한번 죽으면 다시 치료해도 살아나지 못하기 때문에 뇌사가 일어나면 우리 몸도 죽은 것이나 마찬가지야.

우리나라에서는 환자가 뇌사 상태가 되었어도 심장 박동이 살아 있으면 아직 죽지 않았다고 판단해. 그래서 심장 박동이 멈출 때까지 기다린 후에 의사가 사망 선언을 할 수 있어. 하지만 의학적으로는 뇌사 상태라면 사망한 거라고 봐야 해.

우리는 몸속에서 혈액이 흐르고 있는 것을 전혀 느끼지 못하지만 혈액이 몸속 구석구석의 수많은 혈관 속을 쉬지 않고 돌고 있다는 것은 살아 있다는 아주 중요한 증거야.

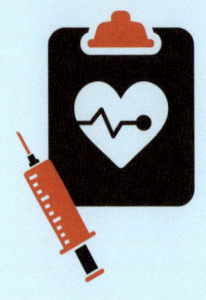

알아두면 힘이 되는 의학 용어 풀이

세포	모든 생물의 기본 단위. 피부 세포, 근육 세포, 뼈 세포처럼 우리 몸의 모든 부분을 구성한다. 각각의 세포는 자신만의 특별한 일을 하면서 우리 몸이 잘 작동하도록 돕는다. 세포는 세포막, 세포질 그리고 핵으로 구성되어 있다. 세포막은 세포의 바깥쪽을 둘러싸고 있는 막으로, 세포를 보호하고 필요한 물질을 들여보내거나 내보낸다. 세포질은 세포 안을 채우고 있는 젤리 같은 물질로, 세포 안에서 일어나는 여러 가지 활동이 이곳에서 일어난다. 핵은 세포의 중심에 있는 중요한 부분으로, 세포의 활동을 조절하며 유전 정보를 담고 있다.
콩팥	'신장'이라고도 하며, 주먹만 한 크기로 몸의 좌우 2개가 있다. 노폐물을 걸러서 배출하는 기능을 한다. 심장에서 나오는 혈액의 25% 정도가 콩팥을 지나간다.
혈관	몸속으로 혈액이 흐를 수 있는 통로. 머리부터 손발 끝

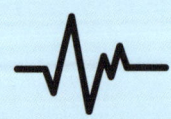

	까지 우리 몸 전체에 퍼져 있다. 혈액은 심장에서 나와 동맥을 거쳐 모세혈관까지 갔다가 다시 정맥을 거쳐 심장으로 돌아온다. 사람의 혈관을 모두 연결하면 약 10만 킬로미터 정도 된다.
뇌사	뇌의 기능이 멈추어 회복할 수 없는, 죽음을 의미한다. 반면에, 식물인간은 뇌가 손상을 입어 인지기능이 사라진 경우이다. 의식은 없지만 무의식적 반사, 위장 운동, 호흡 등을 할 수 있는 상태를 말한다.

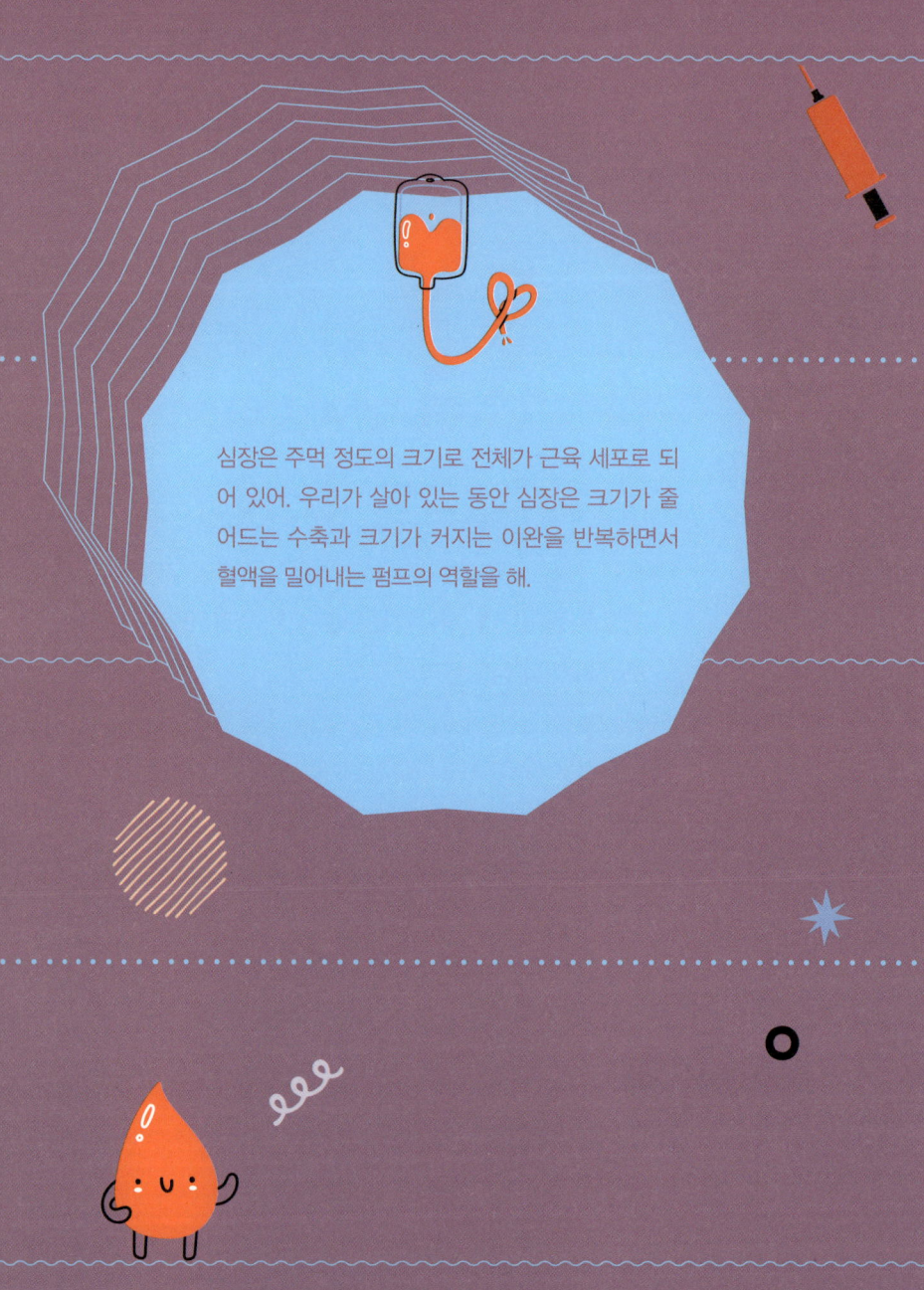

심장은 주먹 정도의 크기로 전체가 근육 세포로 되어 있어. 우리가 살아 있는 동안 심장은 크기가 줄어드는 수축과 크기가 커지는 이완을 반복하면서 혈액을 밀어내는 펌프의 역할을 해.

2
혈액은 어떻게 몸속을 계속 돌까?

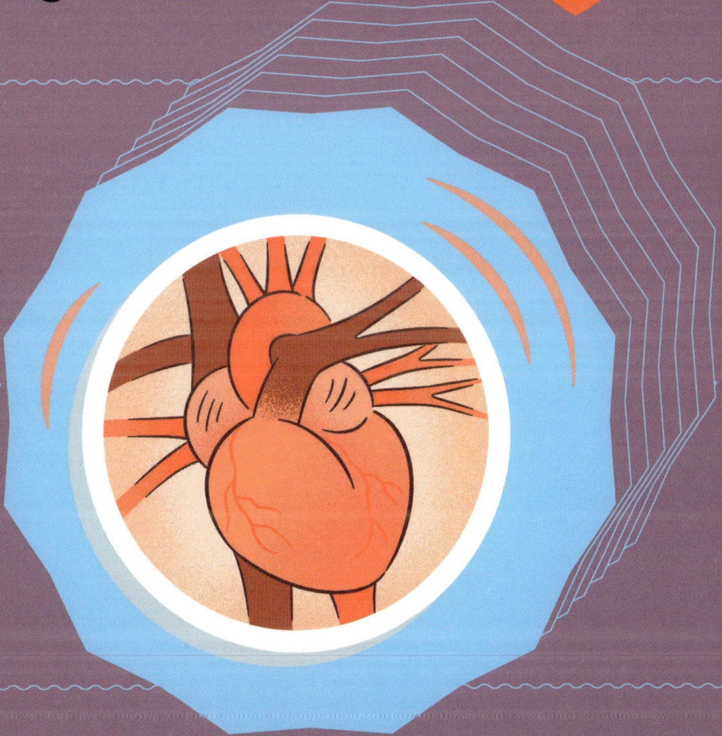

우리 몸속 혈액의 양

　우리 몸속의 혈액은 몸무게의 7% 정도야. 의학 교과서에서는 몸무게가 75kg인 성인 남자를 기준으로 정하고 있어서, 보통 우리 몸의 혈액량을 75kg의 7%인 5리터 정도가 정상이라고 말해. 하지만 몸무게가 45kg인 초등학생이라면 3리터 정도 되겠지. 3리터의 혈액은 우리 몸 전체를 머리 꼭대기에서 발가락 끝까지 쉬지 않고 돌고 있어. 이렇게 혈액이 모든 세포로 흐를 수 있도록 하는 힘을 주는 곳이 바로 심장이야.
　심장은 주먹 정도의 크기로 전체가 근육 세포로 되어 있어. 우리가 살아 있는 동안 심장은 크기가 줄어드는 수축과 크기가 커지는 이완을 반복하면서 혈액을 밀어내는 펌프의 역할을 해.
　우리가 편안한 상태로 쉴 때, 심장은 보통 1분에 72번 수

축과 이완을 반복하고, 1번 수축할 때 70밀리터ml의 혈액을 혈관으로 내보내. 1분 동안 70밀리리터의 혈액을 72번 배출하므로 약 5리터 정도의 혈액을 혈관으로 밀어내 순환시키는 거지. 그러니까 대략 우리 몸의 혈액 전부가 1분에 한 번씩 순환한다고 생각하면 돼. 정말 빠른 속도로 움직이고 있지?

출혈이 위험한 이유

교통사고 등으로 출혈이 있을 때, 어느 정도까지 우리 몸에 문제가 없을까? 보통 성인 남자는 전체 혈액의 10%인, 500밀리리터 정도는 특별한 문제가 없어. 그래서 다른 사람을 위해 수혈할 때도 한 번에 500밀리리터까지만 하도록 되어 있지.

하지만 전체 혈액의 약 20%인 1리터의 피를 흘리게 되면 **혈압**이 낮아지기 시작하고, 약 40%인 2리터의 피를 흘린다면 혈액 순환이 되지 않으면서 서서히 사망하게 돼. 아직 60%의 피가 남아 있기는 하지만 그 정도로는 심장과 혈관이 충분한 혈액 흐름을 유지하지 못하기 때문이지.

심장이 하는 일

우리가 운동하거나 일을 하면, 우리 몸의 세포는 편안하게 쉴 때보다 더 많은 산소를 사용하기 때문에 심장은 더 많은 혈액을 순환시켜야 해.

예를 들어 100m 달리기처럼 강한 운동을 하면, 심장은 1분에 230회까지 빠르게 수축할 수 있어. 또 심장이 한 번 수축할 때 배출하는 혈액의 양도 가만히 있을 때보다 2.5배나 늘어나지.

운동을 하면 심장 근육의 수축력이 강해지면서 최대 170밀리리터까지 혈액을 배출해 낼 수 있거든. 따라서 **심장 박동수**는 1분에 230회, 한 번 수축할 때 배출하는 혈액량은 170밀리리터가 되므로 우리 몸을 순환하는 혈액의 양은 평상시보다 최대 7배인 1분에 35리터까지 순환시킬 수 있어. 이렇게 심장은 우리의 활동에 맞춰 수축 횟수와 강도를 조절하는 거야.

심장이 수축 횟수와 강도를 조절할 수 있는 이유는 뇌에서부터 시작되는 **교감신경** 덕분이야. 교감신경에 대해서는 나중에 뇌의 역할과 함께 알아보기로 하자.

윌리엄 하비와 혈액순환 이론

　윌리엄 하비William Harvey는 1578년 영국에서 태어난 의사이자 생리학자야. 하비가 살았던 시기는 종교가 모든 것을 지배하는 중세시대가 끝나고 사람들이 세상을 과학적으로 분석하려고 할 때였어.

　영국 국왕의 주치의로 실력을 인정받고 있었던 하비는 수많은 포유류의 심장과 혈관을 조사하면서, 우리 몸속의 피가 심장과 혈관 속을 한 방향으로 순환한다는 '혈액순환의 원리'를 발표했어. 그리고 이 결과를 정리해서 1628년에 《동물의 심장과 혈액의 운동에 관한 해부학적 연구》라는 책으로 펴냈지.

　하지만 윌리엄 하비의 혈액순환 이론은 과학자들로부터 인정을 받지 못했어. 심지어는 미치광이 취급을 받을 정도였지. 그에게 진료를 받으려는 사람은 급격하게 줄어들었어. 당시에는 현미경이 발전하지 않았기 때문에 하비의 이론을 정확히 증명할 수가 없었거든.

　그러나 과학이 발달하면서 하비의 주장은 사실로 확인되었어. 혈액순환 이론을 발표한 지 30년이 지났고 하비가 세상을 떠난 지 4년이나 지나서였지. 비록 살아 있는 동안 빛을 보지는 못했지만 하비의 혈액순환 이론은 근대과학의 시작을 알리는 획기적인 사건이었어.

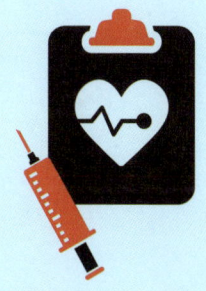

알아두면 힘이 되는
의학 용어 풀이

혈압   혈액이 혈관 벽에 주는 압력. 일반적으로 팔 윗부분에서 잰다. 혈압의 단위는 mmHg(밀리미터에이치지)이며 정상 혈압은 심장이 수축할 때 120mmHg이하, 이완기일 때 80mmHg이하이다. 정상 혈압보다 높으면 고혈압, 낮으면 저혈압이라고 한다.

심장 박동수   일정한 시간 동안 일어나는 심장 박동의 횟수. 심박수라고 한다. 일반적으로 쉬고 있을 때 성인의 심박수는 1분당 60~100회이다. 이보다 낮으면 느린맥이라 하고, 높으면 빠른맥이라 한다.

교감신경   자율신경계의 한 축을 이루는 신경계통으로, 긴장이나 공포, 흥분 등의 감정을 느꼈을 때 혈관을 수축하거나 동공을 확대하며 땀이 분비되고 털이 곤두서는 것처럼 의도적으로 통제할 수 없는 신경이다. 교감신경 덕분에 우리는 위기의 상황에서 대비하고, 살아갈 수 있다.

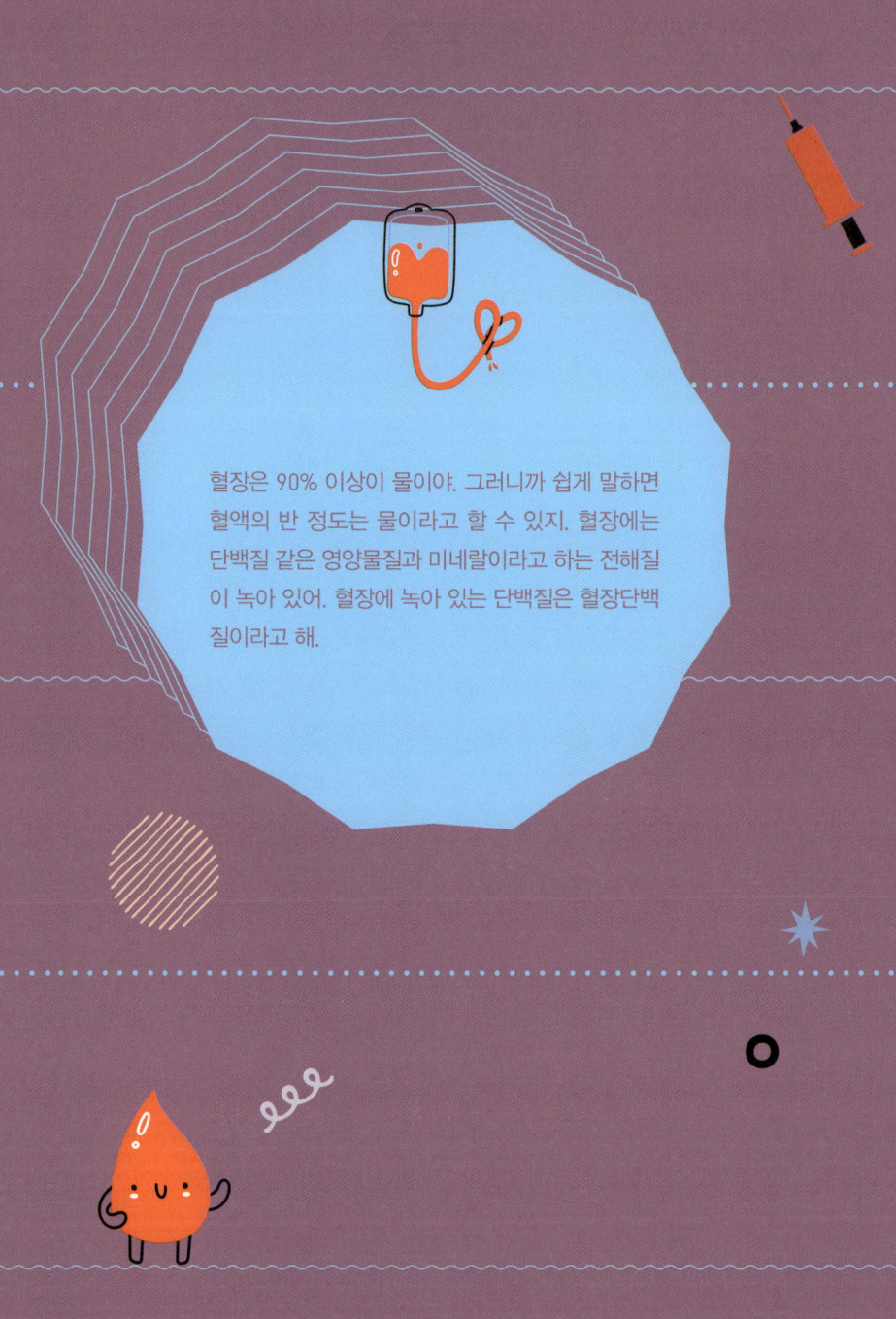

혈장은 90% 이상이 물이야. 그러니까 쉽게 말하면 혈액의 반 정도는 물이라고 할 수 있지. 혈장에는 단백질 같은 영양물질과 미네랄이라고 하는 전해질이 녹아 있어. 혈장에 녹아 있는 단백질은 혈장단백질이라고 해.

3 혈액은 어떤 물질로 되어 있을까?

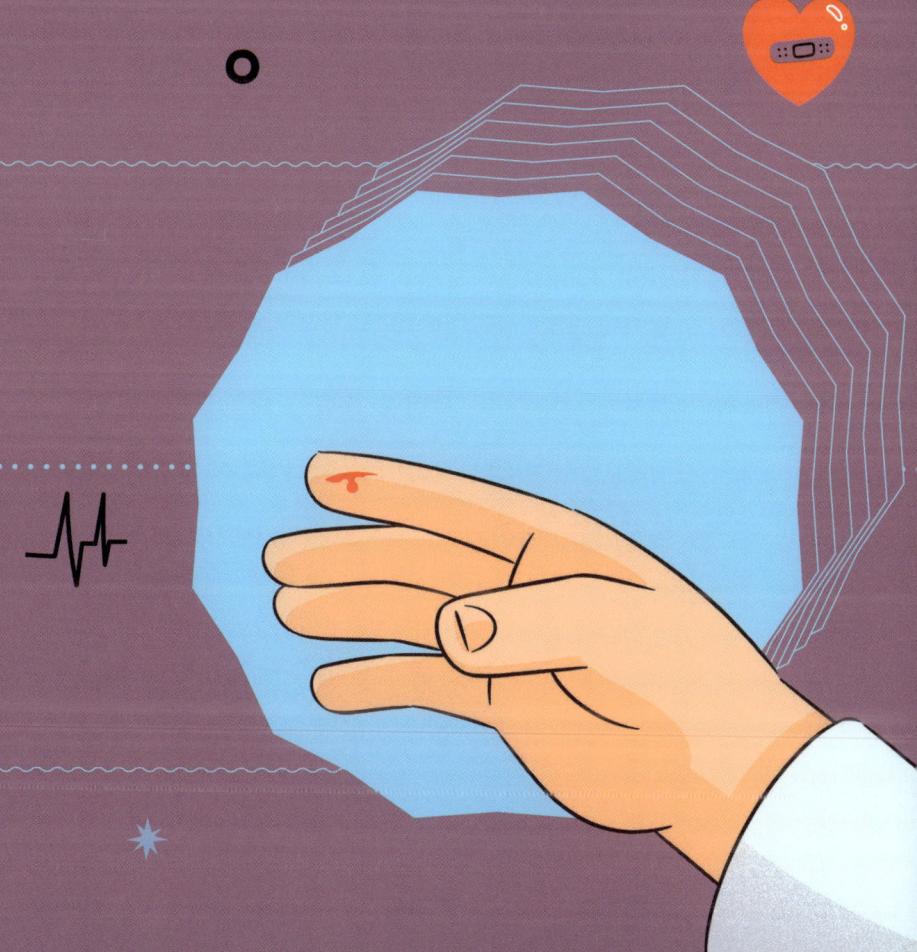

혈장과 혈청

손가락을 베었을 때 흘러나온 피를 만져 보면 조금 끈끈하면서 미끈거리는 것을 느꼈을 거야. 과연 우리 몸을 돌고 도는 혈액 속에는 어떤 물질이 들어 있을까?

몸이 아파서 병원에 가면, 어떤 질병이 있는지를 알아보기 위해 혈액검사를 많이 해. 혈액검사는 간단하면서도 많은 질병을 알아낼 수 있는 좋은 진단 방법이야. 주사기로 혈액을 뽑아 시험관에 가만히 담아 두면 지구의 중력 때문에 무거운 물질은 가라앉고, 가벼운 물질은 위로 뜨게 되지. 아래로 가라앉는 것은 크기가 1마이크로미터 ㎛, 1,000분의 1mm 이상인 물질이고, 위쪽의 물질은 크기가 1마이크로미터 이하인 물질이야.

살펴보면 아래쪽은 짙은 붉은색이고 위쪽은 밝은 노란색인데 위쪽의 액체 성분을 '혈장'이라고 불러. 혈액 전체 부피

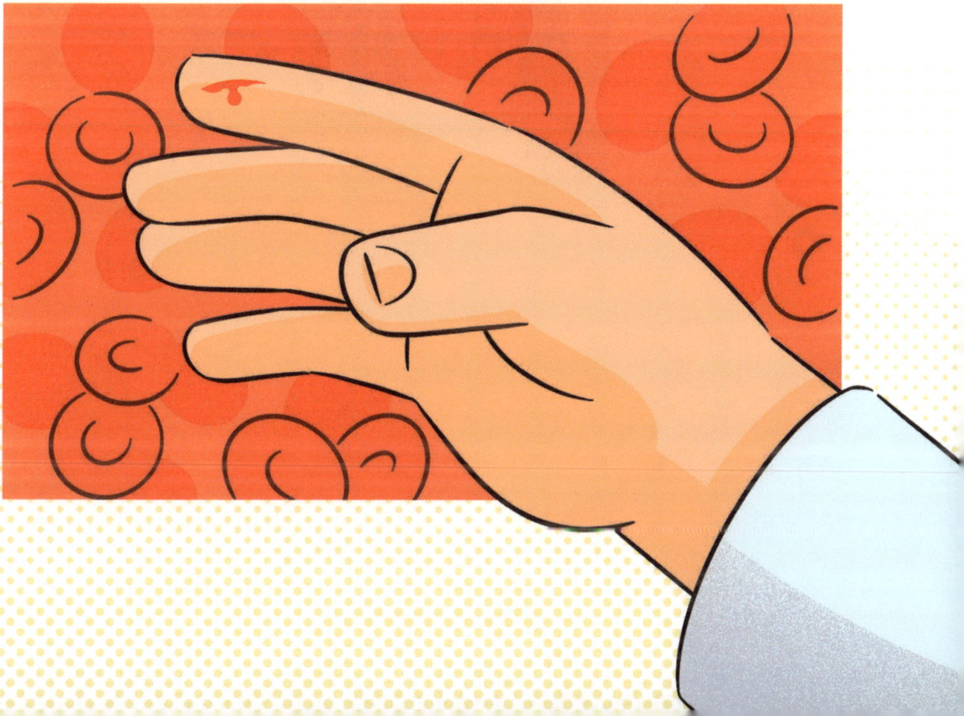

혈장

혈액을 뽑은 뒤 시간이 지나면 혈장이 분리된다(왼쪽).

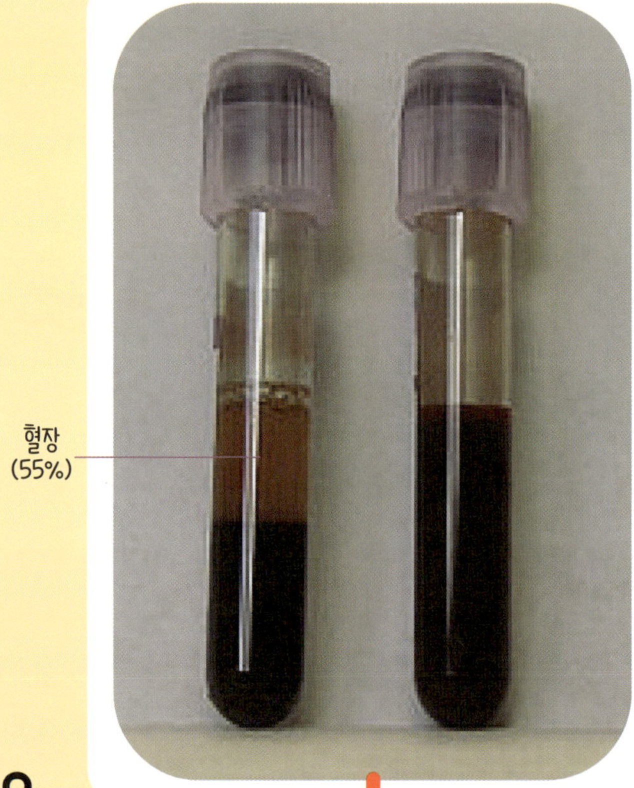

혈장
(55%)

의 55%를 혈장이 차지하고 있어.

혈장은 90% 이상이 물이야. 그러니까 쉽게 말하면 혈액의 반 정도는 물이라고 할 수 있지. 혈장에는 단백질 같은 영양물질과 미네랄이라고 하는 전해질이 녹아 있어. 혈장에 녹아 있는 단백질은 '혈장단백질'이라고 해.

우리 몸으로 들어온 음식물이 위와 장에서 분해되어 흡수되면 혈액을 따라 단백질이 필요한 세포에까지 이동하게 돼. 혈장단백질 중에 중요한 것이 '알부민'이라는 단백질인데 크기는 작고 숫자는 많아서 우리 몸에서 **삼투압 현상**이 일어나는 데 중요한 역할을 하지. 삼투압은 세포와 세포 사이를 물과 영양물질이 이동하게 만드는 작용이야.

산소를 운반하는 적혈구

혈액 속에 있는 주요한 세 가지 성분은 적혈구, 백혈구, 혈소판이야. 그중에서도 대표인 것은 적혈구지. 적혈구는 산소를 운반하는 일을 해. 혈액이 하는 가장 중요한 역할이지. 우리 몸은 약 100조 개의 세포로 되어 있고 이 중 적혈구가 30조 개로, 우리 몸 세포의 30%를 차지하고 있어.

적혈구는 숫자가 너무 많기 때문에 병원에서 적혈구 수가 정상인지를 검사할 때, 혈액 1마이크로리터^{1백만분의 1리터} 속에 몇 개나 있는지 계산하는 방법을 사용해. 정상적인 성인의 경우 혈액 1마이크로리터 속에 적혈구 수는 약 500만 개 정도야.

백혈구는 혈액 1마이크로리터 속에 약 4천~1만 개 정도이고, 혈소판은 20~40만 개 정도이므로 혈액 세포의 대부분은 적혈구가 차지하고 있지.

적혈구가 산소를 운반하는 중요한 기능을 할 수 있는 것은 적혈구 속에 **혈색소**^{헤모글로빈}라는 단백질이 많이 있기 때문이야. 혈색소에는 4개의 철^{Fe} 분자가 포함되어 있고, 1개의 철 분자에는 1개의 산소가 결합하는 화학적 특성이 있어. 즉 1개의 혈색소는 4개의 산소 분자와 결합할 수 있지. 혈색소는 주위에 산소가 많으면 산소와 결합하려는 성질이 강해지고, 주위에 산소가 적으면 산소와 결합하는 대신 결합된 산소를 떨어뜨리는 성질이 있어.

혈액이 빨간색인 이유

혈액의 색깔이 빨간색인 이유는 적혈구 속에 많이 있는 혈색소가 빛을 받으면 빨간색을 나타내기 때문이야. 그런데 혈색소는 결합한 산소의 숫자에 따라서 특성이 조금 달라져. 4개의 산소와 결합된 혈색소는 빨간색 중에서 밝은 빨간색을 띠고, 1개의 산소와 결합된 혈색소는 어두운 빨간색 빛을 띠게 돼.

우리 몸에서 산소를 많이 가진 혈액은 **동맥**이라는 혈관 속에 있고 산소가 적은 혈액은 **정맥**이라는 혈관 속에 있지. 따라서 동맥을 다치면 밝은 빨간 피가 나오고, 정맥을 다치면 검붉은 피를 흘리게 돼. 우리가 다쳐서 피가 나오는 경우는 대부분 정맥이 다치는 것이기 때문에 검붉은 색의 피를 보게 되는 거야.

알아두면 힘이 되는 의학 용어 풀이

삼투압 현상 묽은 용액과 진한 용액이 막으로 나누어져 있을 때 농도가 낮은 쪽에서 높은 쪽으로 용액이 이동하는 현상이다. 모든 생명체의 세포는 끊임없이 물질을 만들고 교환할 때 삼투압의 원리를 이용한다. 오이를 소금물에 담그면 오이에서 물이 빠져나와 오이가 쭈글쭈글해지면서 맛은 짭짤해지는 원리다.

혈색소 동물의 혈액 속에 들어 있는 철분이 포함된 단백질. 헤모글로빈이라고도 한다. 골수에서 합성되고 간에서 분해된다. 산소보다 일산화탄소와 친화력이 좋아 일산화탄소 농도가 높은 곳에서는 산소보다 일산화탄소를 운반하게 되므로 중독이 일어날 수 있다.

동맥 폐를 거쳐 산소가 많은 혈액을 심장에서 몸 전체로 전달하는 혈관. 혈관의 굵기는 지름이 2~3cm인 대동맥부터 1mm 이하의 모세혈관까지 다양하다.

정맥 몸속을 돌던 혈액이 다시 심장으로 돌아갈 때 지나는

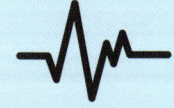

혈관. 혈액은 산소와 영양분을 몸의 각 부분으로 전달한 후, 이산화탄소와 노폐물을 가지고 정맥을 통해 다시 심장으로 돌아간다. 정맥이 피부 아래로 푸르스름하게 보이는 것은, 산소를 잃은 혈액의 검붉은 색깔이 혈관 벽과 피부를 통해 보이기 때문이다.

산소가 많은 혈액은 우리 몸 전체를 돌면서 세포들이 모여 있는 말초조직 주위에 있는 모세혈관으로 향해. 말초조직의 세포에서는 계속 산소를 이용해서 이산화탄소를 만드는 대사과정이 일어나고 있거든.

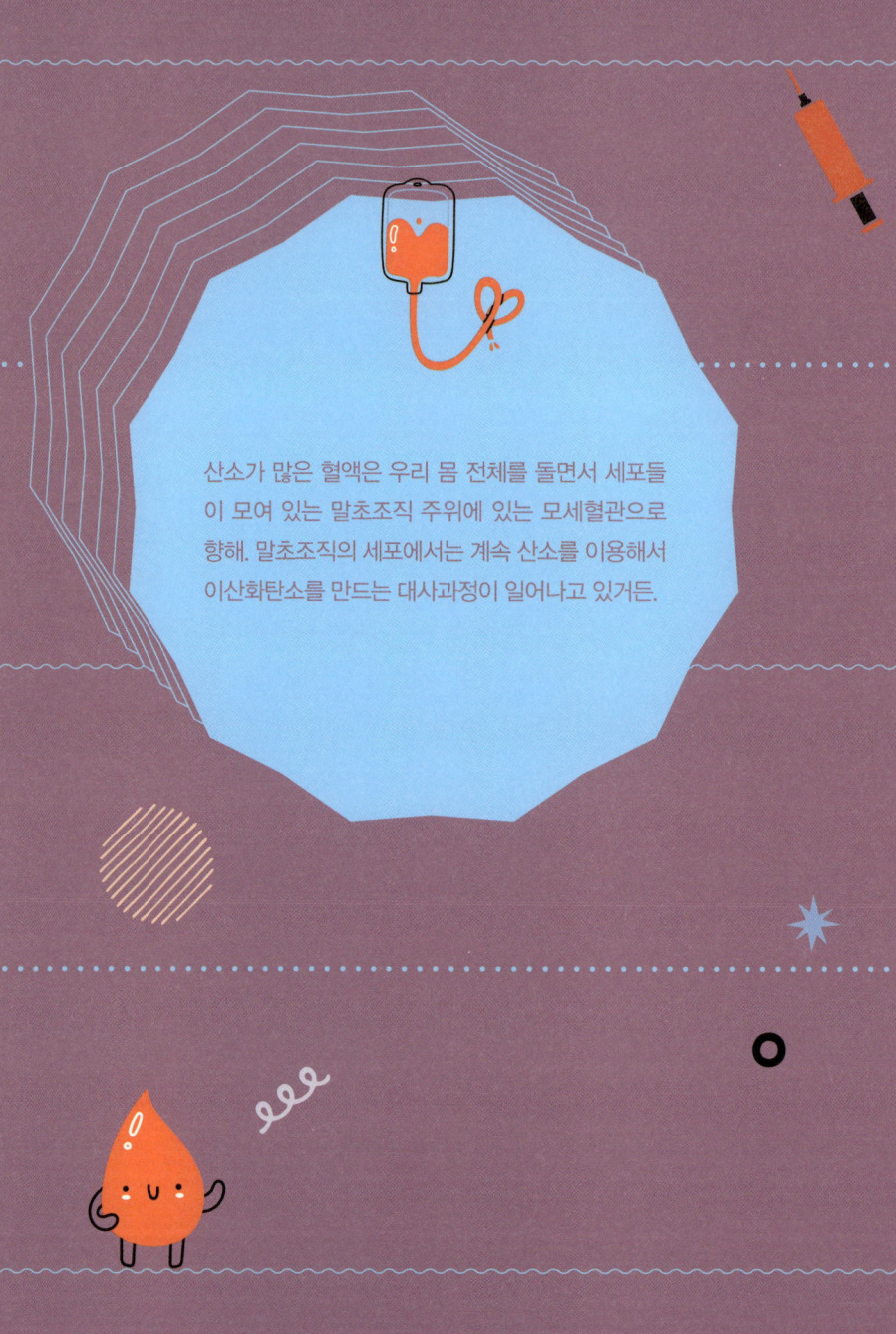

산소는 어떻게 우리 몸 전체로 운반될까?

4

혈액이 산소를 운반하는 방법

 우리 몸의 많은 세포가 살아가기 위해서는 반드시 산소가 필요해. 산소가 있어야 세포에서 에너지를 만들어 낼 수 있고, 에너지가 만들어져야 체온을 유지하고, 움직일 수 있거든. 이것은 다른 동물도 마찬가지야. 그러니까 우리가 생명을 유지하는 데 가장 중요한 물질은 바로 산소지.
 우리 몸에 산소를 공급하는 기관은 폐야. 폐가 팽창하면서 공기 속에 있던 산소가 몸속으로 들어오는 거지. 그렇다면 들어온 산소는 어떻게 우리 몸 전체로 운반될까?
 폐로 혈액이 흘러가면, 폐에서 혈액 속으로 산소가 많이 들어오게 되고, 적혈구 속의 혈색소는 산소와 더 많이 결합하게 돼. 폐를 지나면서 많은 산소를 가진 혈액은 심장으로 들어간 다음, 동맥을 통해서 우리 몸 전체 혈관으로 흘러가게 되는 거야. 그래서 동맥은 산소를 많이 포함하고 있고,

공기 통로 그림

공기는 코와 입을 통해 기관지를 거쳐 폐로 들어간다.

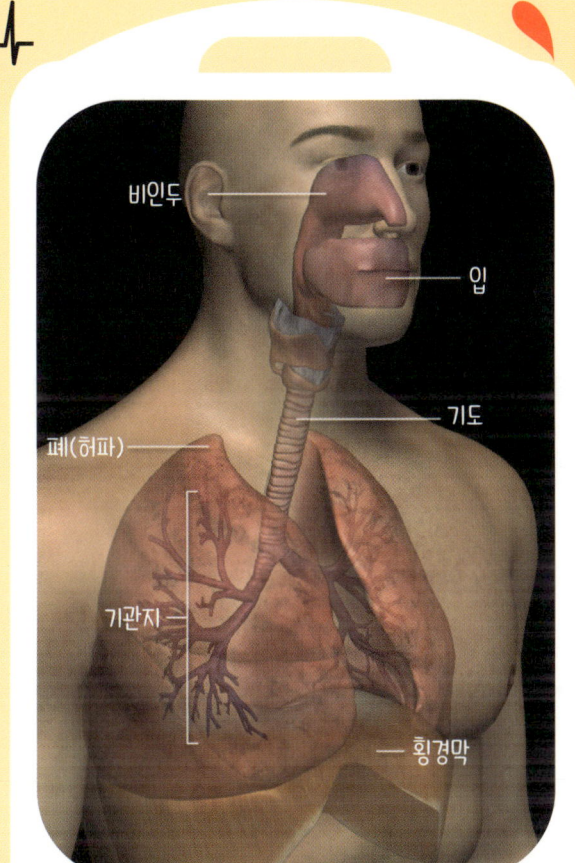

밝은 빨간색을 띠는 거지.

　산소가 많은 혈액은 우리 몸 전체를 돌면서 세포들이 모여 있는 말초조직 주위에 있는 모세혈관으로 향해. 말초조직의 세포에서는 계속 산소를 이용해서 이산화탄소를 만드는 **대사과정**이 일어나고 있거든. 그러면 모세혈관 속 혈액에는 산소가 줄어들고 적혈구 속의 혈색소도 산소와 결합하는 대신, 결합되어 있는 산소를 떨어뜨리게 되지.

　결국 폐를 지나면서 혈액 속의 혈색소는 많은 산소와 결합하고, 말초조직으로 가면서 산소를 떼어내 세포에게 공급해 주는 작용이 일어나는 거야. 이렇게 혈액의 중요한 기능인 산소 공급은 적혈구 속에 있는 혈색소가 중요한 역할을 하지. 혈색소 속 철분에 산소가 결합하므로 적당한 철분이 우리 몸에 공급되는 것이 중요해.

　철분은 음식으로도 흡수할 수 있어. 만약 몸속에 철분이 부족해지면 혈색소의 산소 운반이 잘 되지 않아 빈혈에 걸릴 수 있지. 어린이나 청소년 중에 코피를 자주 흘리는 경우가 있는데, 이렇게 혈액이 계속 몸에서 빠져나가면 철분 부족으로 빈혈이 생기는 거야. 빈혈이 생기면 움직이거나 운동할 때 혈액과 그 속의 혈색소가 산소를 충분하게 공급하

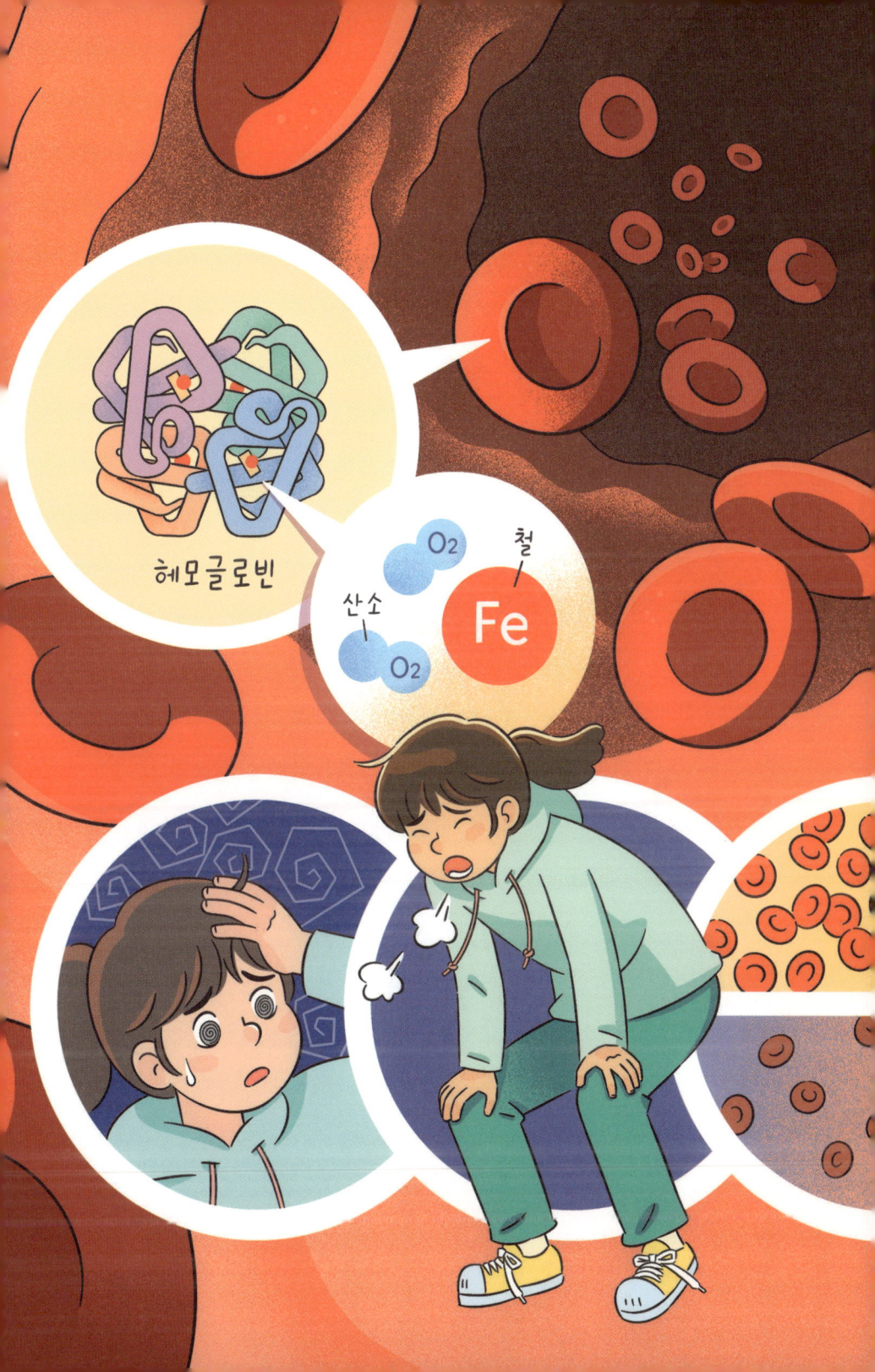

지 못해 숨이 차고 어지러움을 느낄 수 있지.

혈액이 이산화탄소를 운반하는 방법

우리 몸의 세포는 산소를 이용해서 에너지를 만들어. 음식을 먹으면 음식 속의 영양물질인 포도당과 산소가 반응해 에너지를 생산하는데. 이것이 가장 기본적인 에너지 생산 과정이야.

이때 포도당과 같은 당분 속에 있는 탄소 분자가 산소 분자와 결합해 '이산화탄소'가 만들어지지. 세포에서 산소를 이용할 때 만들어지는 이산화탄소는 주위를 지나는 모세혈관을 타고 혈액 속으로 들어가. 이산화탄소는 우리 몸의 세포들이 만들어낸 산소의 찌꺼기이므로 몸속에 쌓이면 문제가 될 수 있어. 혈액은 말초조직 세포에서 만들어진 이산화탄소를 가지고 폐로 흘러들어 간 다음, 우리가 숨을 내쉴 때 밖으로 빠져 나가도록 해 주는 역할을 해.

이산화탄소가 말초조직 세포에서부터 폐까지 운반되는 과정은 산소의 운반 과정보다 복잡해. 이산화탄소도 일부는 적혈구 속으로 들어가서 혈색소에 결합해 운반되고, 일부는

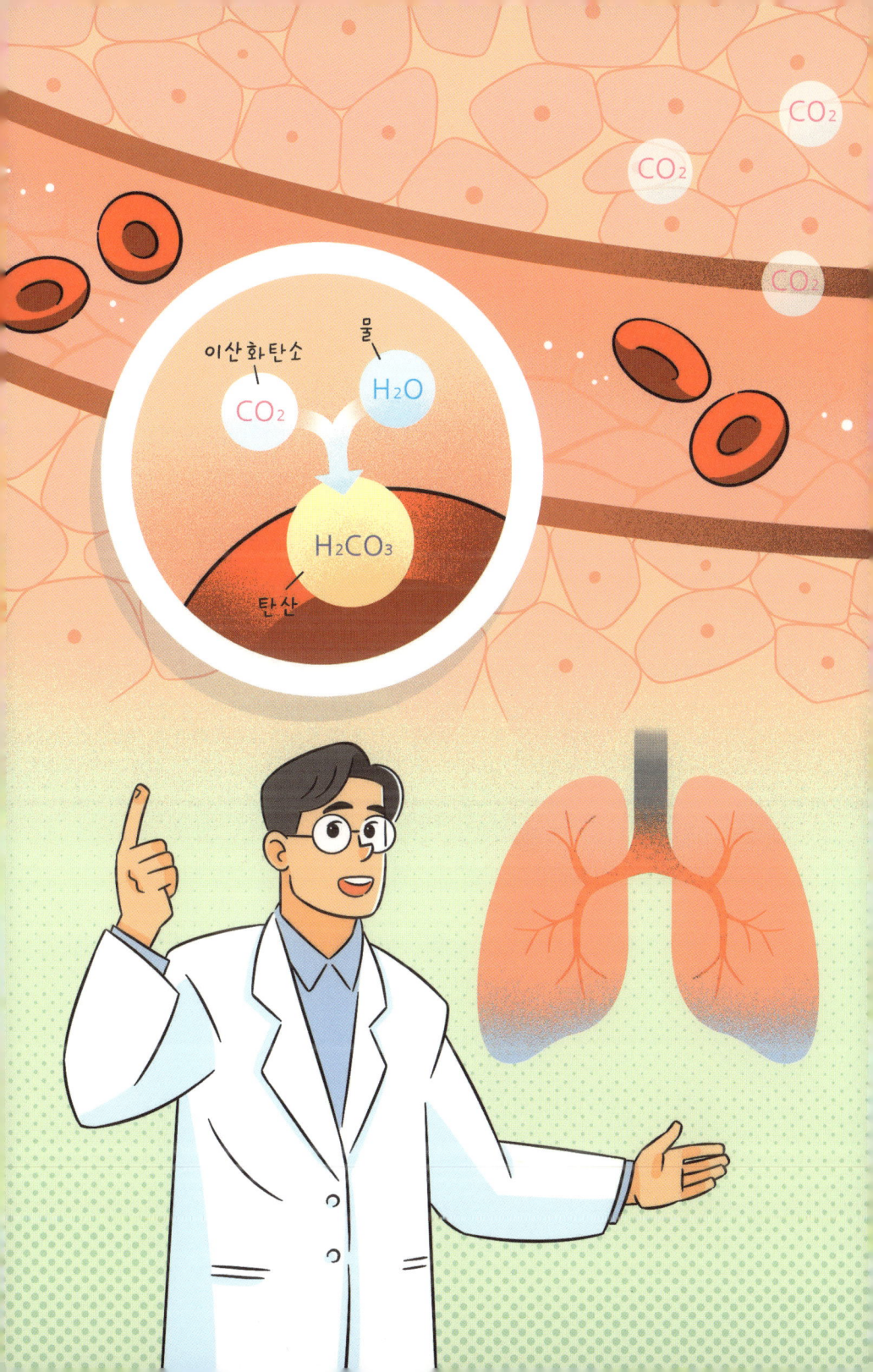

혈액에 녹아서 운반되기도 하지.

 하지만 많은 이산화탄소는 적혈구 속에서 물과 결합해 '탄산'으로 변화된 뒤 혈액을 따라서 이동해. 폐로 간 혈액 속에서는 탄산이 이산화탄소와 물로 분해된 다음, 숨을 내쉴 때 이산화탄소는 폐에서 밖으로 배출되는 거야.

 이산화탄소가 이렇게 복잡한 과정을 거치면서 이동되는 이유는 이산화탄소가 물과 결합해 탄산이 되면 '수소이온'이 만들어지기 때문이야. 수소이온은 우리 몸속에 있는 많은 효소들이 작용하는 데 아주 중요한 물질이거든. 몸속에 수소이온이 많아지면 산성이 되고, 적어지면 알칼리성이 돼. 수소이온은 많지도 적지도 않은, 적당한 양이 있어야 혈액도 중성이 되면서 몸에 문제가 생기지 않아.

 이렇듯 이산화탄소는 수소이온과 친한 친구처럼 항상 같이 따라다녀. 혈액에 이산화탄소가 많이 쌓이면 수소이온도 증가하고 우리 몸은 산성이 되어 문제를 일으키지. 반대로, 이산화탄소가 너무 줄어들면 수소이온이 감소해 우리 몸은 알칼리성이 되어 또 다른 문제를 일으킬 수 있어.

 그래서 이산화탄소는 그 친구인 수소이온이 혈액 속에 적절한 양이 되도록 운반되어야 하는 거야.

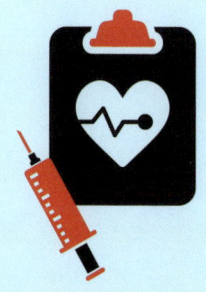

알아두면 힘이 되는 의학 용어 풀이

폐	허파라고도 하며 좌우 2개가 있다. 속은 비어 있어서 숨을 들이마시면 늘어나고 숨을 내쉬면 줄어든다. 폐에는 거미줄 같은 모세혈관이 가득한데, 혈액이 우리 몸을 돌면서 싣고 온 이산화탄소를 이곳에 버리고 산소를 받아서 나간다.
대사과정	에너지를 얻기 위해 새로운 물질이 합성되거나 분해되는 것. 우리는 음식을 먹어서 얻은 영양물질을 몸 안에서 분해하고 합성해, 생명을 유지하는 물질이나 에너지를 만들고, 필요하지 않은 물질은 몸 밖으로 내보내는데 이것이 대사과정이다.

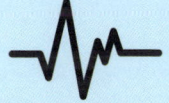

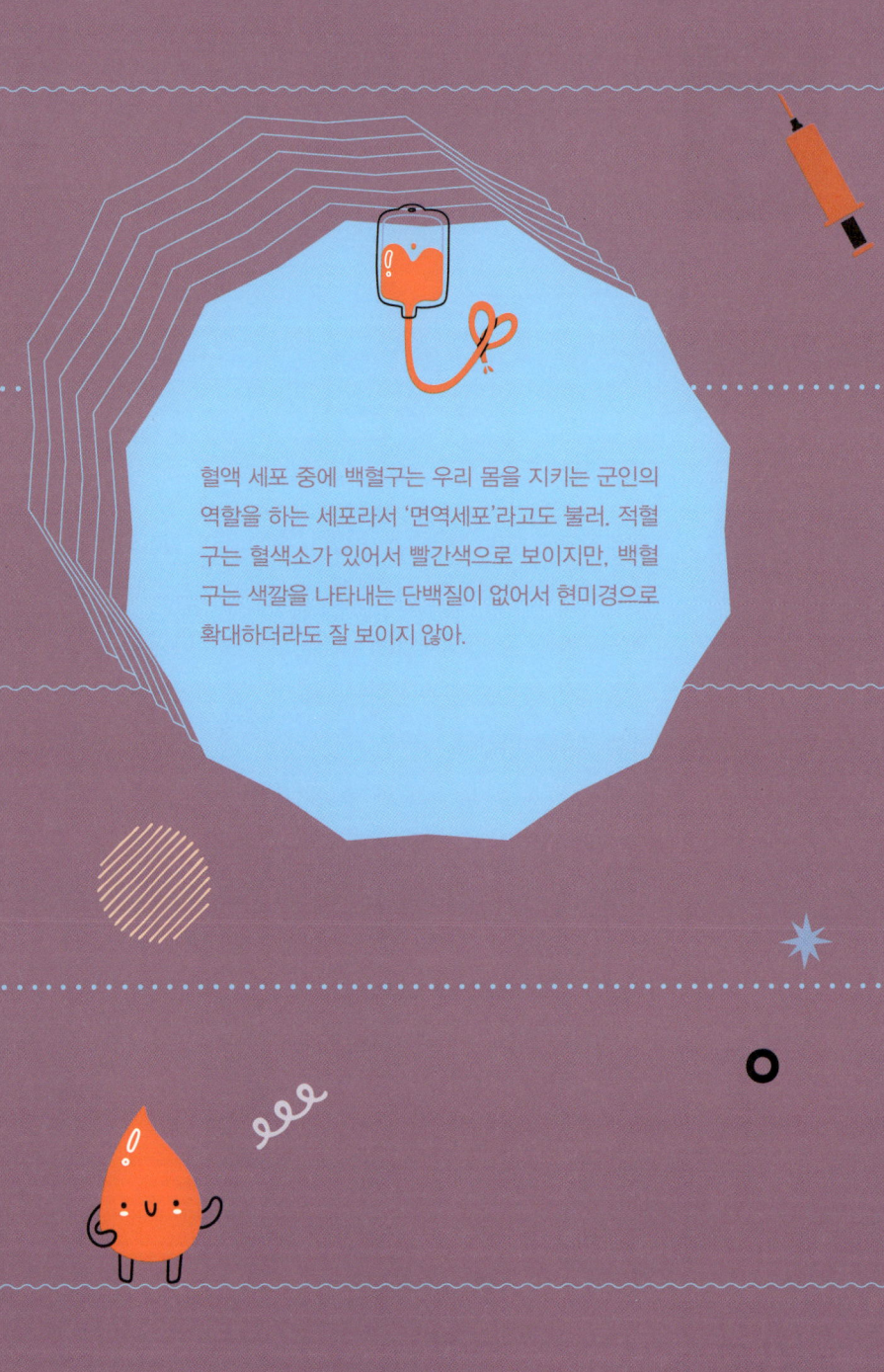

혈액 세포 중에 백혈구는 우리 몸을 지키는 군인의 역할을 하는 세포라서 '면역세포'라고도 불러. 적혈구는 혈색소가 있어서 빨간색으로 보이지만, 백혈구는 색깔을 나타내는 단백질이 없어서 현미경으로 확대하더라도 잘 보이지 않아.

5
면역세포는 무엇일까?

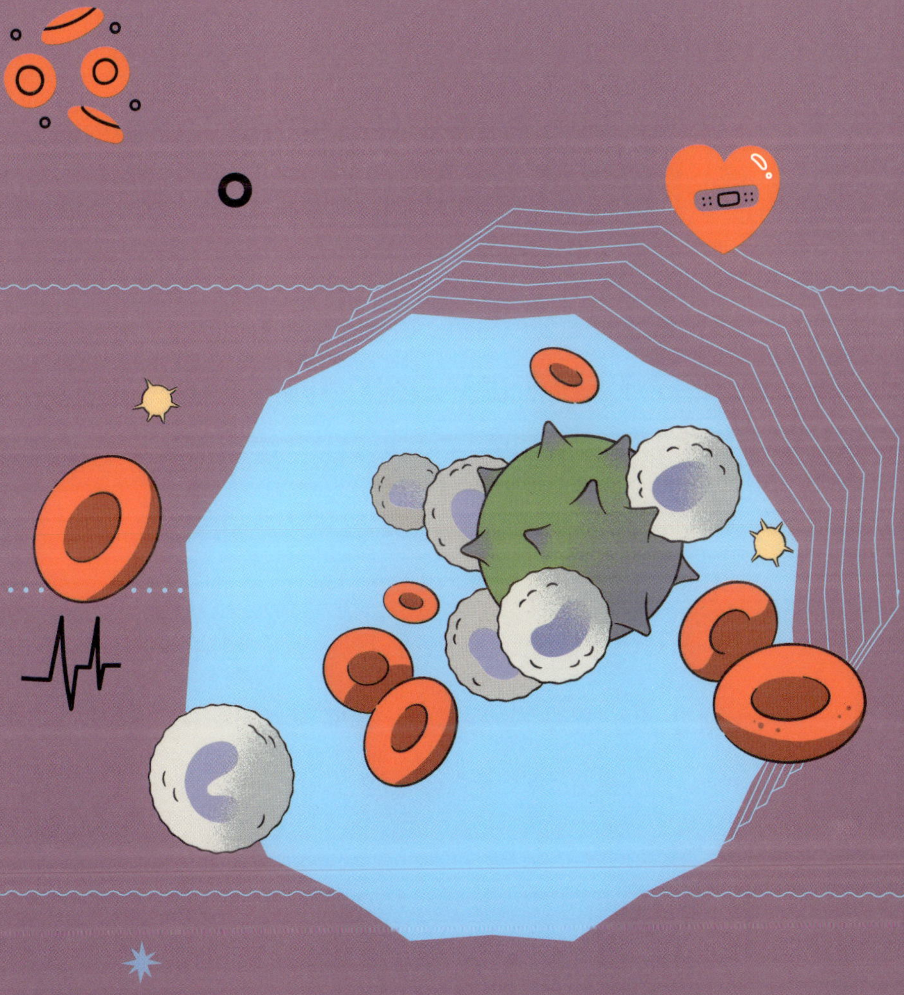

면역세포 백혈구

혈액 세포 중에 백혈구는 우리 몸을 지키는 군인의 역할을 하는 세포라서 '면역세포'라고도 불러. 적혈구는 혈색소가 있어서 빨간색으로 보이지만, 백혈구는 색깔을 나타내는 단백질이 없어서 현미경으로 확대하더라도 잘 보이지 않아.

백혈구는 특성에 따라서 다섯 가지로 구분할 수 있어. 어떤 백혈구에 문제가 있는지를 알기 위해서는 염색약을 사용해 색깔을 나타내게 만든 다음 현미경으로 관찰해야 해.

염색약의 특성에 따라서 산성 염색약에 염색되는 백혈구를 산성을 좋아한다는 뜻으로 '호산구'라 하고, 염기성 염색약에 염색되는 백혈구는 '호염기구', 중성 염색약에 염색되는 백혈구는 '호중구', 큰 핵이 크게 잘 염색되는 백혈구는 '단핵구', 그리고 마지막으로 림프조직과 연관성이 큰 백혈구를 '림프구'라고 불러.

단핵구는 혈액에서 주위 조직으로 빠져나간 다음 세포의 특성이 변해서 '대식세포'라는 강력한 면역세포가 돼. 림프구에는 'B림프구'와 'T림프구', 두 가지가 있는데 이것에 대해서는 뒤에서 자세히 설명할게.

백혈구의 숫자는 적혈구에 비해 아주 적어. 백혈구 중에서 가장 많은 건 호중구야. 전체의 62% 정도를 차지하지. 다음으로 많은 백혈구는 림프구로, 30% 정도를 차지해. 이 두 종류의 백혈구가 전체의 90% 이상을 차지하는 거야. 단핵구는 5%, 호산구는 3%이고 호염기구는 1% 이하로 가장 적어.

미생물과 바이러스

바이러스, **세균**, 곰팡이와 같은 생명체를 '미생물'이라고 해. 너무 작아서 눈으로 볼 수 없고 현미경으로 봐야만 하는 생명체라 붙여진 이름이야. 미생물이 우리 몸에 들어오면 '감염'되었다고 하지. 감염이 되면 여러 가지 염증반응이 일어나는데 가장 대표적인 것은 감기야. 감기는 공기 중에 있는 감기 바이러스들이 우리가 호흡할 때 폐 속으로 들어와

열, 두통, 콧물, 목통증, 기침, 가래 등 여러 가지 증상을 일으키는 바이러스성 감염병이야.

2020년 1월부터 3년 넘게 세계 여러 나라에 퍼진 코로나19 감염병도 코로나바이러스라는 바이러스가 우리 코를 통해 폐 속으로 들어와 생긴 감염병이지. 주로 입 안쪽의 인후부에 염증을 일으켜, '인후통'이라고 하는 목통증을 만들거나 폐렴을 일으켜 호흡을 어렵게 만들지. 바이러스는 폐에서 혈액으로 들어간 다음, 몸의 여러 조직으로 퍼져 문제를 일으킬 수 있어.

바이러스는 크기가 10^{-9}m로 아주 작아서 우리 피부를 뚫고 들어갈 수도 있어. 피부 세포 사이의 작은 구멍을 통해 들어가는 거지.

또 다른 대표적인 미생물인 세균은 크기가 10^{-6}m 정도여서 피부를 통과하지는 못하고, 피부에 상처가 생겼을 때 그 상처의 틈을 따라서 몸속으로 들어가게 돼. 그러면 세균에 의한 염증반응이 생기게 되는데, 상처 부위가 붉은색으로 변하고, 부풀어 오르면서 아프고, 시간이 지나면 고름이 생기는 과정을 거치게 되지.

이때 '항생제'라는 세균을 죽이는 약으로 치료하지 않으면

미생물을 현미경으로 확대한 모습
미생물에 감염되면 여러 가지 염증반응이 일어난다.

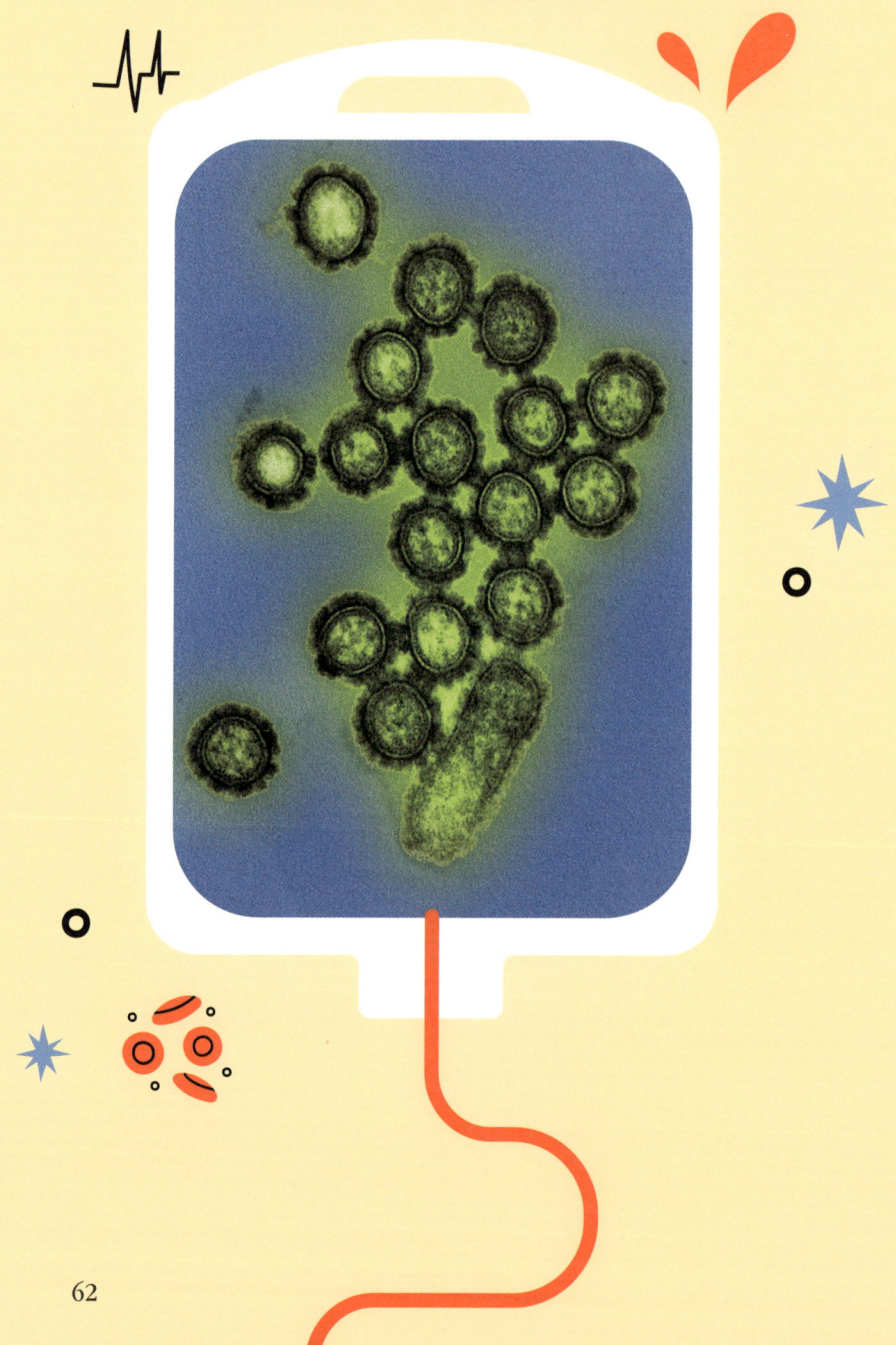

몸속 전체로 세균이 퍼져 패혈증이 생길 수 있고, 그럴 경우 생명이 위험해질 수도 있어.

면역 반응

세균이나 바이러스 같은 미생물이 우리 몸속으로 들어오면 혈액의 흐름을 따라 온몸을 돌아다니던 백혈구가 먼저 알아채게 돼. 방법은 미생물의 세포벽에 있는 단백질 종류를 검사해서 우리 몸속의 세포들이 가지고 있던 단백질과 같은 종류인지를 검사하는 거야. 만약 다르다는 것을 알게 되면, 백혈구는 특수한 단백질인 '면역글로불린'을 만들어 내 미생물의 단백질과 결합해서 움직이지 못하게 만들고 미생물을 잡아먹고 미생물의 세포막을 분해해 죽이는 거야.

이렇게 우리 몸속으로 들어온 미생물을 백혈구가 처리하는 과정을 '면역 반응'이라고 해. 또 미생물의 표면에 있는 단백질과 같은 물질을, 면역 반응을 일으키는 원인 물질이라는 의미로 '항원'이라고 부르지. 반면에 미생물이 가지고 있는 단백질 항원에 대항해서 백혈구가 만들어내는 단백질인 면역글로불린을 '항체'라고 해.

항체를 만드는 림프구

　항체를 만들어 '항원-항체 반응'을 일으키는 백혈구는 백혈구 중에서도 림프구가 하는 일이야. 두 종류의 림프구 중에서 B림프구는 항원을 감시해 항체라는 단백질을 만드는 백혈구지. T림프구는 항체를 만들지는 않고 우리 몸을 지키는 정보원 같은 역할을 해. 미생물이 침입하는 것을 감시해서 그 정보를 다른 백혈구에게 주고, B림프구가 항체를 만드는 것을 도와주며, 필요한 경우에는 직접 미생물을 죽이기도 하지. 그야말로 우리 면역 기능의 지휘자라고 할 수 있어.

　우리 몸속 유전자에 이상이 생겨서 암세포가 생길 경우, 암세포를 비정상적인 세포로 알아차리고 죽이는 역할도 T림프구가 맡고 있어.

　미생물뿐만 아니라 동물이나 식물 같은 모든 생명체의 세포는 단백질로 만들어져 있어. 탄수화물과 지방도 생명체를 구성하는 기본적인 물질이지만, 생명체에서 가장 중요한 물질은 역시 단백질이지. 따라서 미생물만 항원으로 작용해서 백혈구가 항체를 만드는 것은 아니야. 우리 몸속에 다른

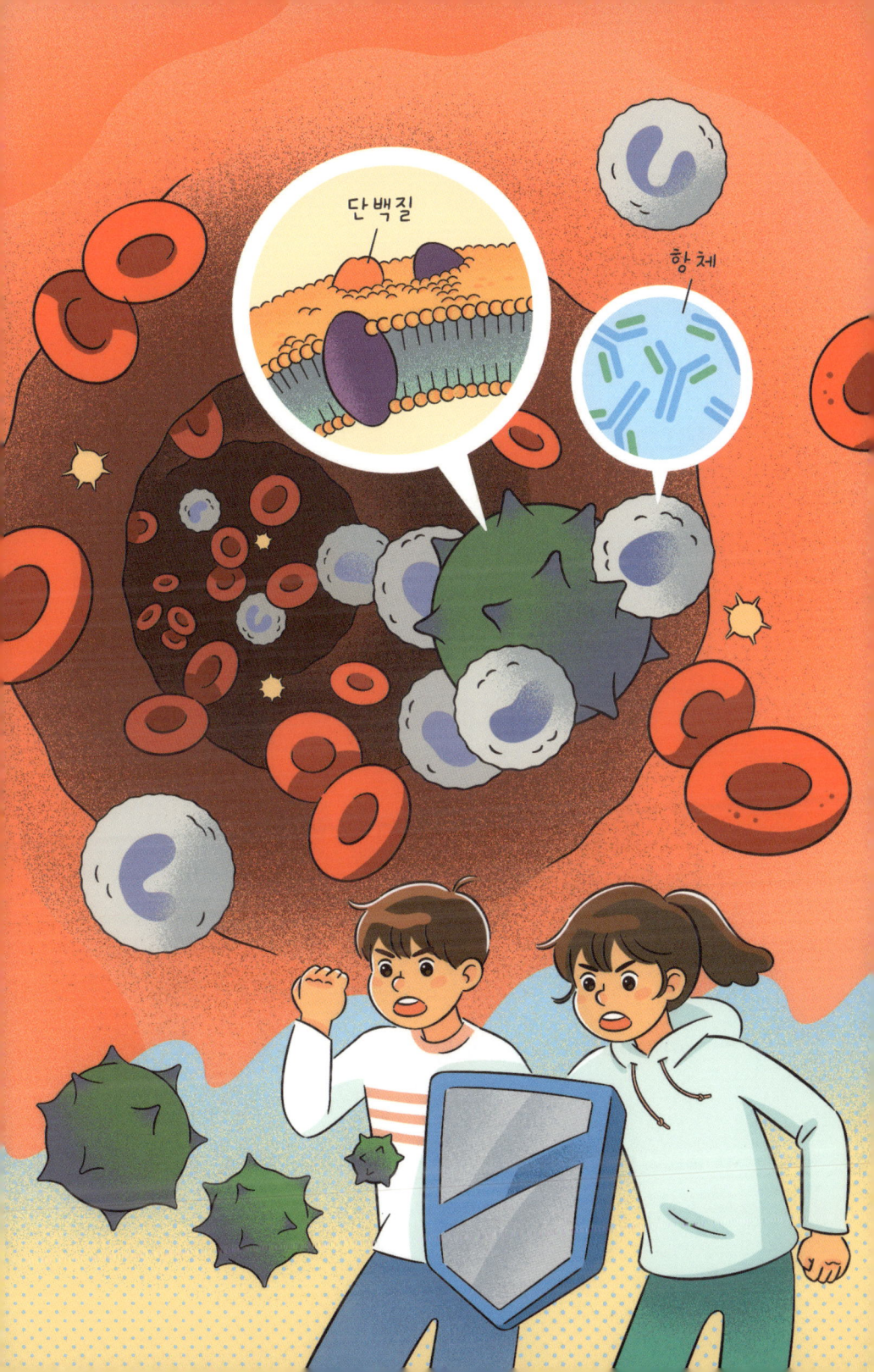

사람의 세포가 들어오면 그 사람의 세포벽에 있는 단백질도 내 몸에 있던 단백질이 아니므로 항원으로 인식하고 항체를 만들어서 면역 반응이 일어나게 돼.

예를 들어 자동차 사고로 피를 많이 흘린 사람이 다른 사람의 피를 받는 수혈 받아야 한다고 해 봐. 다른 사람의 혈액 속에는 앞에서 말한 것처럼 세 가지 종류의 혈액 세포들이 아주 많기 때문에 이것이 항원으로 작용해서 항체가 만들어질 수 있어. 그래서 피를 수혈할 때는 이런 면역 반응이 일어나지 않는지 잘 검사해야만 하지.

대식세포

백혈구 중에서 미생물이 침투하면 면역 반응을 일으키는 작용을 하는 대표적인 백혈구가 호중구야. 호중구는 세균이 침투하면 면역 반응을 일으키고 잡아먹는 대표적인 군인이지. 우리 몸에 어떤 세균이 들어오면 혈액 속의 호중구가 아주 많이 늘어나면서 세균과 전쟁을 하게 돼.

단핵구라는 백혈구는 혈액을 돌아다니다가 세포의 성질이 변하는데, 미생물과 싸우는 면역 능력이 우수한 대식세포로 바뀌는 특징이 있어. 대식세포란 이름은 미생물들을 많이 잡아먹고 죽이는 능력이 아주 강하기 때문에 붙여졌지. 단핵구에서 변형된 이 대식세포는 림프구와 함께, 우리 몸에 미생물이 침투하는 것을 감시하고, 세균이나 바이러스와 같은 미생물을 죽이는 능력이 뛰어난, 우리 몸의 중요한 면역세포야.

알레르기 반응

호염기구라는 백혈구는 호중구나 대식세포와는 달리 알레르기 반응을 일으키는 백혈구야. 알레르기 반응을 일으키는 알레르기항원이 몸으로 들어오면 호염기구가 이 알레르기항원과 반응하고, 호염기구가 파괴되면서 안에 있던 **히스타민**이라는 물질이 나와 좁은 혈관을 팽창시키고 혈장 성분이 빠져나오게 해.

그래서 피부에서 알레르기 반응이 일어나면 혈관이 팽창되고 혈장이 빠져나와 피부가 붉게 부풀어 오르고 가려움을 느끼게 되지.

알레르기 반응의 대표적인 것은 음식물 알레르기야. 알레

르기항원으로 작용하는 음식물을 먹으면 그 물질에 대해 알레르기 반응이 생기게 돼. 여러 가지 음식이 알레르기 반응을 일으킬 수 있고, 사람마다 알레르기를 일으키는 음식도 다 달라. 외국 사람들에서 가장 흔한 알레르기 음식은 땅콩 종류야.

또한 특별한 약 성분이나, 벌에 쏘였을 때 강한 알레르기 반응이 생기는 경우도 많지. 알레르기 비염도 많은 사람이 고생하는 대표적인 질환이야. 꽃가루 같은 알레르기항원이 코로 들어오면 갑자기 재채기가 나고 콧물이 줄줄 흐르거든. 어떤 사람들은 기관지에서 알레르기 반응이 심하게 일어나 숨쉬기가 어렵기도 해. 이것을 '기관지 천식'이라고 하지. 이때는 바로 치료하지 않으면 숨을 못 쉬어서 생명이 위험할 수도 있어.

기생충 질환과 호산구

호산구는 기생충이 우리 몸에 들어오면 알아채고 그 기생충에 붙어 여러 물질을 분비해 기생충을 죽여. 어떤 사람의 혈액을 검사했을 때 호산구가 많다면 기생충에 감염되었을 가능성이 높다고 볼 수 있지.

앞에서 본 것처럼, 다섯 종류의 백혈구들은 혈액의 흐름을 따라 이동하면서 미생물 침입으로부터 우리 몸을 보호하는 군인 역할을 하고 있어. 백혈구들이 우리 몸을 보호하는 데 필요한 다양한 상황에 맞게 진화해 왔다는 것을 생각하면 정말 생명은 신비롭지.

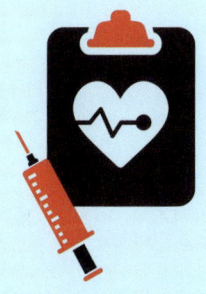

알아두면 힘이 되는
의학 용어 풀이

바이러스 DNA나 RNA를 유전체로 가지고 있으며 생물과 무생물의 특성을 모두 가지고 있다. 세균의 1,000분의 1 정도 크기다. 혼자서는 살 수 없으며, 숙주 세포 안에 자신의 유전체를 복제해 증식한다. 바이러스에 의한 질병으로는 독감, 에이즈, 코로나19 등이 있다.

세균 박테리아라고도 하며 단세포로 이루어진 미생물을 통틀어 부르는 말이다. 흙이나 물속, 다른 생물 안에서도 산다. 세균은 병을 일으키기도 하지만 유산균처럼 인간에게 도움을 주는 세균도 있다. 세균과 관련된 질병으로는 결핵, 콜레라, 파상풍 등이 있다.

히스타민 밖으로부터의 자극에 대해 우리 몸이 빠르게 방어하기 위해 분비하는 면역 물질 중 하나다. 몸에 상처가 나면 붉게 부어오르고 가렵게 만드는 물질이다. 호염기구나 비만세포에서 분비한다. 너무 많이 분비되면 문제가 된다.

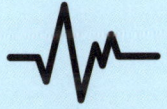

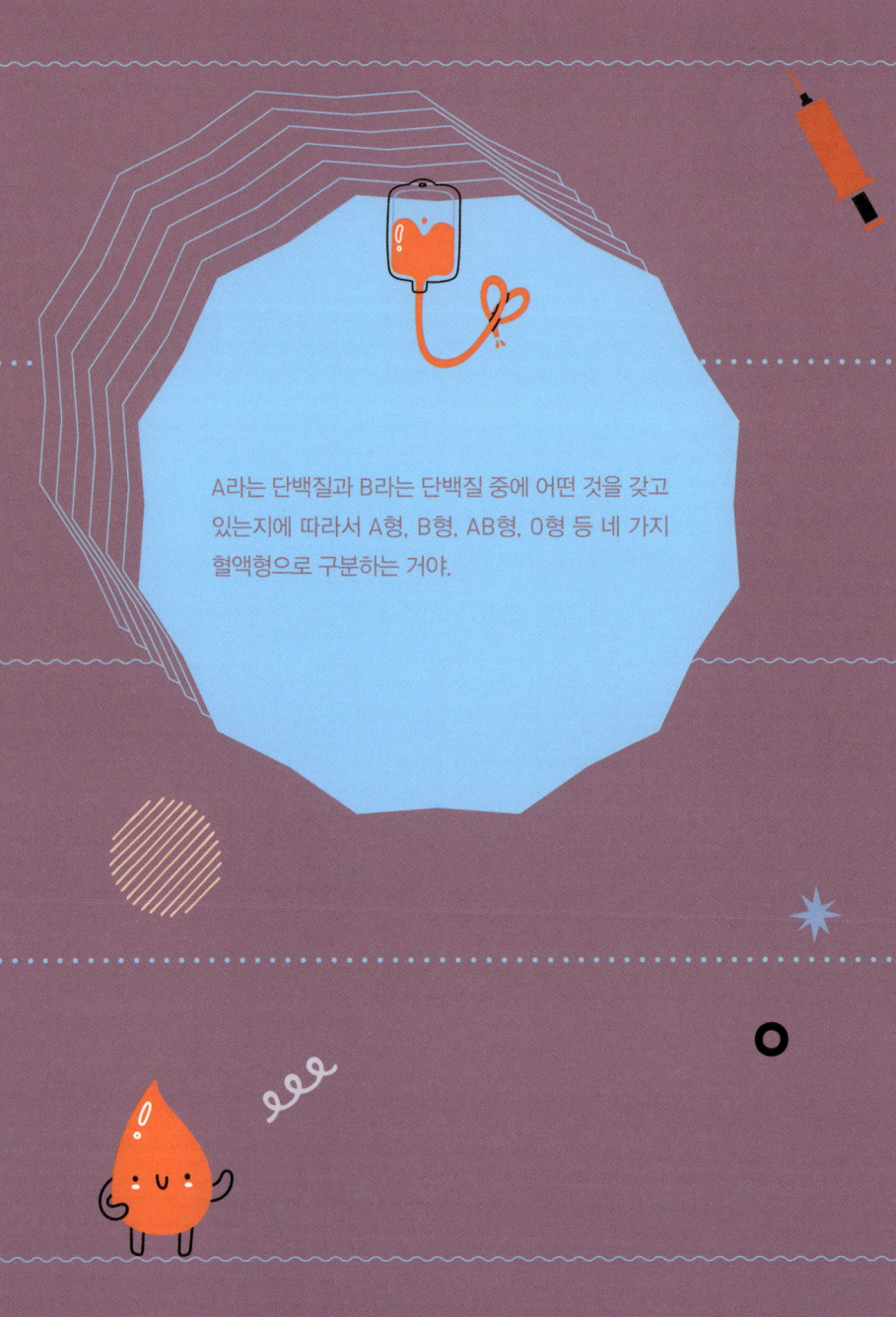

A라는 단백질과 B라는 단백질 중에 어떤 것을 갖고 있는지에 따라서 A형, B형, AB형, O형 등 네 가지 혈액형으로 구분하는 거야.

혈액형은 몇 가지일까?

6

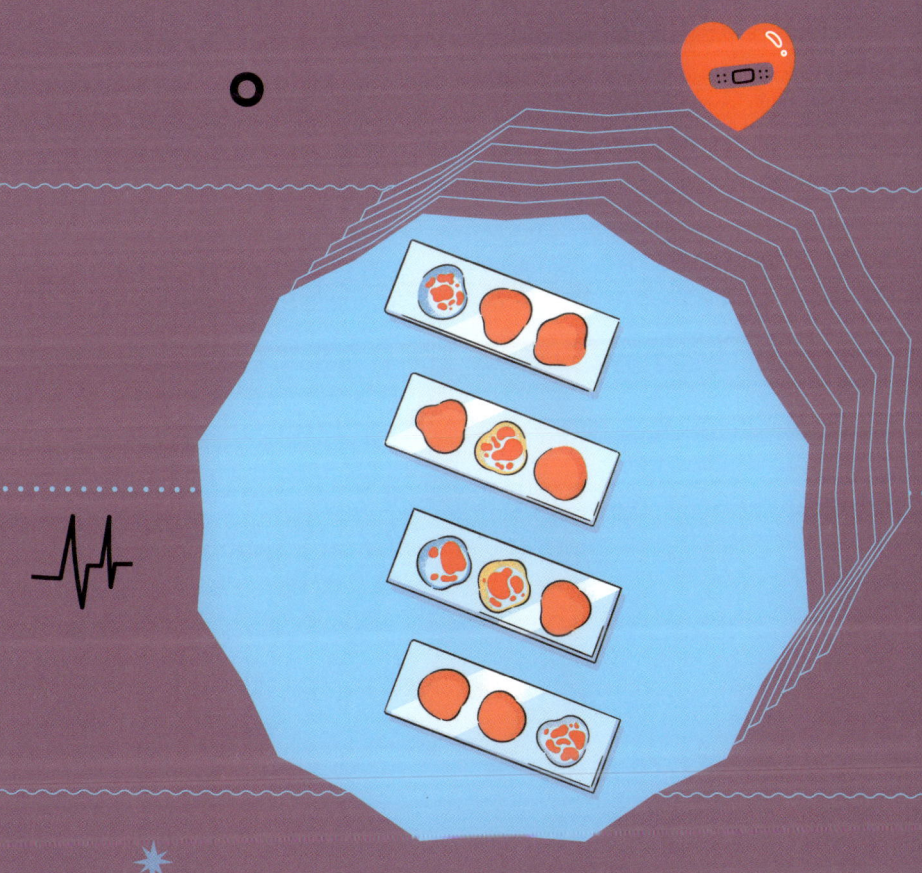

혈액형과 항원-항체 반응

수술이나 사고로 피를 많이 흘리면 몸속 혈액이 부족하게 되고, 혈액의 가장 중요한 기능인 산소의 운반이 이루어지지 않아서 뇌세포가 죽을 수 있어. 이럴 때는 미리 모아둔 다른 사람의 피를 몸속에 넣어주는 **수혈**이란 치료를 하게 돼. 그런데 다른 사람에게 혈액을 주어도 되는 걸까?

미생물의 표면에 있는 단백질이 **항원**으로 작용하듯이, 우리 혈액의 세포 표면에도 단백질이 있고 항원으로 작용해. 혈액 세포 전체의 95% 정도를 차지하는 적혈구의 막에 있는 단백질이 중요한 항원으로 작용하는 거야.

평소에는 자신의 적혈구 표면에 있는 단백질을 백혈구가 정상 항원으로 알고 있으므로 '항원-항체 반응'이 일어나지 않아. 그런데 다른 사람의 적혈구가 포함된 혈액이 수혈되면, 백혈구는 다른 사람의 적혈구에 있는 항원을 외부로부터 침입한 적으로 인식하고 항체를 만들어서 항원-항체 반응을 일으킬 수 있어. 그러면 수혈된 적혈구들은 자신의 백혈구에 의해 죽게 되고, 죽은 적혈구들이 서로 달라붙으면서 덩어리를 만들어 혈관을 막아 혈액이 흐르지 못하게 할 수 있어.

이를 막기 위해서는 적혈구 막에 있는 항원 단백질의 종류에 따라서 사람들의 혈액형을 구분해야 해. 적혈구 막에 있는 단백질 중에 항원으로 강하게 작용하는 단백질의 종류에 따라 사람들의 혈액형은 크게 두 가지로 분류할 수 있어. 하나는 ABO 혈액형이고, 다른 하나는 Rh 혈액형이야.

ABO 혈액형

우선 적혈구 막에 A라는 단백질과 B라는 단백질 중에 어떤 것을 갖고 있는지에 따라서 A형, B형, AB형, O형 등 네 가지 혈액형으로 구분해. 이것을 'ABO 혈액형'이라고 하지.

혈액형이 A형인 사람은 적혈구 막에 A라는 단백질을 갖고 있어. B형인 사람은 적혈구 막에 B라는 단백질이 있고, AB형인 사람은 적혈구 막에 A와 B 단백질이 모두 있으며,

O형 혈액형인 사람은 적혈구 막에 A와 B 단백질이 모두 없는 경우지.

우리나라에는 A형이 가장 많아서 34% 정도고, O형이 28%, B형 혈액형이 27%, AB형이 11% 정도야. 그런데 미국과 같은 서양에서는 O형이 45%, A형이 41%, B형이 10%, AB형이 4% 정도지. 각 혈액형의 분포는 지역마다 차이가 있어. B형은 주로 동양인에 많다고 해. 이것은 아마도 인류가 진화해 가는 과정 중에 일어난 변화일 거야.

A형인 사람은 적혈구 막에 A항원 단백질은 있고 B항원 단백질은 없으므로, A형이나 O형의 혈액을 수혈 받으면 문제가 없어. 마찬가지로 B형인 사람은 적혈구 막에 B항원 단백질은 있고 A형 단백질은 없으므로, B형이나 O형의 혈액을 수혈 받으면 돼. AB형 혈액형인 사람은 같은 AB형의 혈액을 수혈 받아도 되지만, A형이나 B형과 O형인 사람의 혈액을 모두 수혈 받을 수 있어. 반면에 O형인 사람은 적혈구 막에 A나 B항원 단백질이 모두 없으므로 오직 O형의 혈액만 수혈 받을 수 있지.

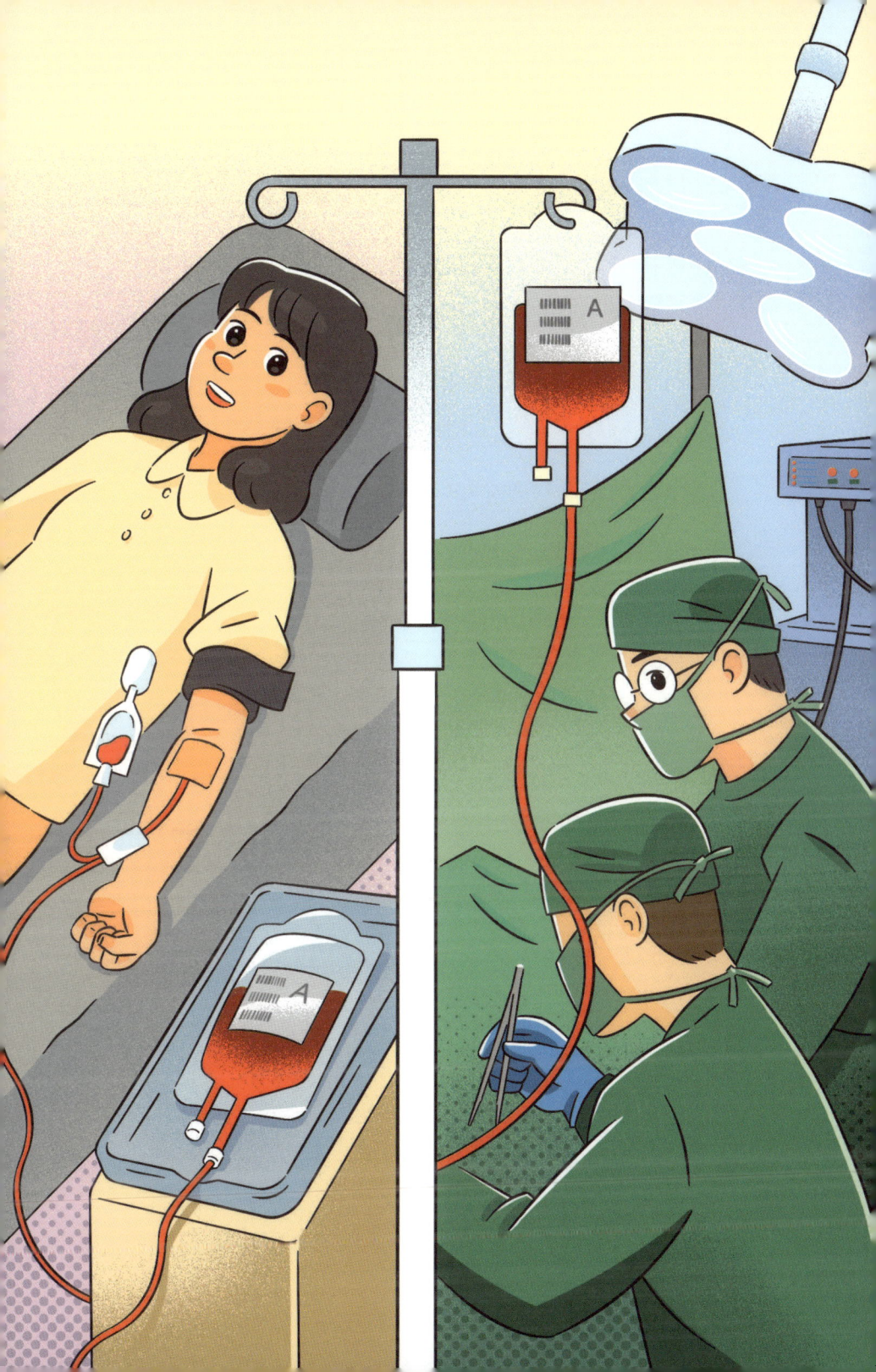

Rh 혈액형

ABO 혈액형과 함께 중요한 혈액형이 'Rh 혈액형'이야. 레수스Rhesus 원숭이에서 발견한 적혈구 항원이라서 앞글자를 따서 'Rh 항원'이라고 불러. Rh 항원이 적혈구 막에 있는 사람을 Rh양성 또는 Rh+ 혈액형이라고 하고, 없는 사람은 Rh음성 또는 Rh- 혈액형이라고 해.

Rh 항원을 자세히 연구해 보니 c, d, e, C, D, E 등 6가지 항원이 있는 것이 확인되었어. 그중에 D 항원이 가장 강한 항원의 성질을 보이므로 D 항원을 'Rh 항원'이라고 말하게 되었지. 그래서 실제 혈액형 검사에서는 D 항원이 있는 사람을 Rh+, D 항원이 없는 사람을 Rh-라고 불러.

Rh+인 사람은 적혈구 막에 Rh 항원이 있으므로 Rh+나 Rh-인 사람의 혈액을 모두 수혈 받을 수 있지만, Rh-인 사람은 적혈구 막에 Rh 항원이 없으므로 반드시 Rh-인 사람의 혈액만 수혈 받을 수 있지.

Rh 혈액형도 인종에 따라서 분포가 달라. Rh+의 혈액형을 갖는 사람의 비율이 아프리카 흑인은 100%, 아시아인은 99%, 미국 흑인은 95%, 백인은 85% 정도야. 전체적으로

Rh-인 사람이 드물기 때문에 Rh-인 혈액을 구하는 것은 쉽지 않아.

이렇듯 혈액형은 ABO 혈액형과 Rh 혈액형 두 가지가 조합을 이루면서 결정돼. A형이면서 Rh+인 사람은 A+라고 하고, AB형이면서 Rh-인 사람은 AB-라고 해. 즉 사람의 혈액형은 A+, B+, AB+, O+, A-, B-, AB-, O-의 총 여덟 가지 중 하나가 되는 셈이지.

이 중에서 가장 흔한 혈액형은 A+나 O+이고, 가장 드문 혈액형은 AB-이야. 따라서 AB-인 사람이 수혈 받아야 할 경우가 생기면 보관 중인 혈액이 부족해 수혈해 줄 사람을 찾는 방송을 하는 경우도 많지.

적혈구 막에 있는 대표적인 항원 단백질 두 가지는 모든 사람에게 있지만, 이 두 가지 이외에도 여러 가지 단백질이 약하나마 항원으로 반응을 일으키기도 해.

그래서 병원에서 수혈할 때는, ABO 혈액형과 Rh 혈액형만 같다고 무조건 수혈하지는 않고, 다른 항원 단백질들이 문제를 일으키지 않는지 반드시 검사를 해야 하지. 물론 응급 환자라면 이 두 가지 혈액형만 같아도 응급 수혈을 하기도 하지만 다른 항원들에 의해서 수혈 부작용이 일어날 위험성이 있어.

혈액형을 검사하는 방법

그렇다면 혈액형을 확인하기 위한 검사는 어떻게 진행하는 걸까?

유리 슬라이드에 A항원, B항원, D항원에 대해 반응하는 항체가 포함된 시약을 먼저 얹어 놓은 다음, 혈액형 검사를 할 사람의 피를 조금 뽑아 이 세 가지 항체 시약에 섞어 반응이 일어나는지 확인하는 거야.

적혈구 막의 항원과 시약의 항체가 만났을 때 항원-항체 반응이 일어나면 적혈구들이 서로 달라붙어 덩어리를 만드는 '응집반응'이 생겨. 세 가지 항체 시약에서 응집반응이 일어나지 않으면 혈액이 시약에 섞여서 뿌옇게 보이지.

어떤 사람의 혈액형을 검사했는데, A항원에 대한 항체 시약에서 응집반응이 생기고, B항원에 대한 항체 시약에서는 응집반응이 없으면서, D항원에 대한 항체 시약에서는 응집반응이 일어난다면 이 사람의 적혈구 막에는 A항원과 D항원이 있는 것이므로 A+ 혈액형이라고 판단하는 거야.

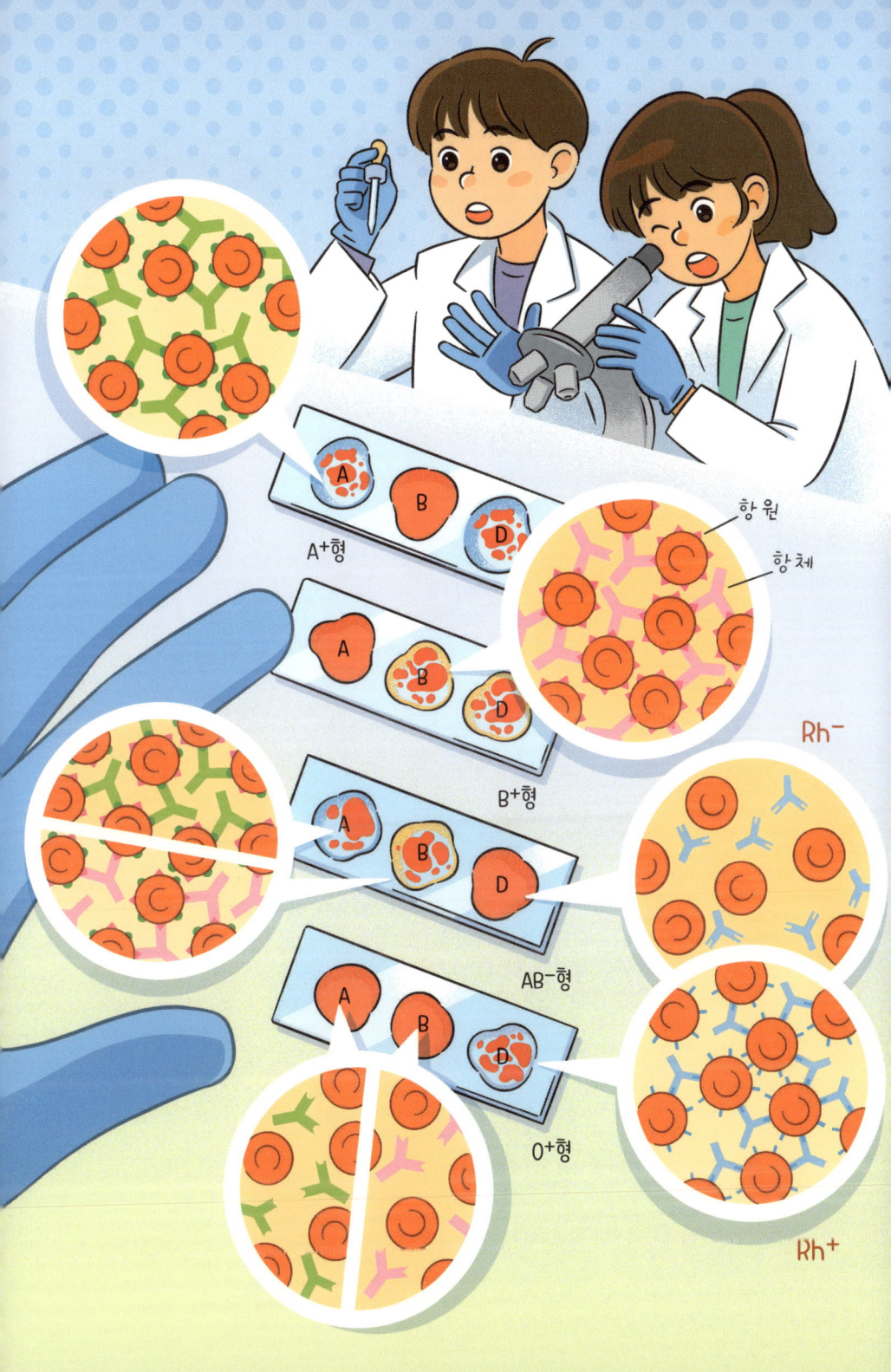

란트슈타이너와 ABO 혈액형

카를 란트슈타이너Karl Landsteiner는 1868년 오스트리아에서 태어난 의사이자 병리학자야. 그는 사람의 혈액을 A, B, O, 세 가지로 분류하는 'ABO 혈액형'을 발견해 수혈을 가능하게 만들었어.

란트슈타이너의 혈액형 발견 이전에도 피를 많이 흘린 사람이 생기면 다른 사람의 피를 수혈하곤 했어. 하지만 많은 부작용이 일어났고 목숨을 잃는 경우도 많았지. 란트슈타이너는 그 이유를 찾아 연구한 결과, 사람의 적혈구 막에 있는 항원에 따라 A형, B형, AB형, O형 혈액형으로 구분된다는 것을 발견했어.

그 이후 환자의 혈액형을 맞춰 수혈하게 되었고 부작용도 크게 줄었지. 혈액형의 발견 덕분에 많은 사람의 생명을 지킬 수 있게 된 거야. 란트슈타이너는 이 공로로 1930년에 노벨 생리의학상을 받았어.

또한 그는 혈액이 ABO 혈액형 말고도 'Rh 혈액형'으로 구분된다는 것도 발견했어. 덕분에 수혈의 안정성은 더욱 높아졌고 의학의 발전에도 중요한 역할을 했지. 그의 발견

카를 란트슈타이너가 그려진 오스트리아 지폐
ABO 혈액형을 발견해 노벨 생리의학상을 받았다.

은 지금까지 수혈학과 면역학 분야의 기초가 되고 있어. 전 세계는 란트슈타이너의 업적을 기리고 헌혈하는 사람들에게 감사와 존경을 표하기 위해 그의 생일인 6월 14일을 세계 헌혈의 날로 정했지.

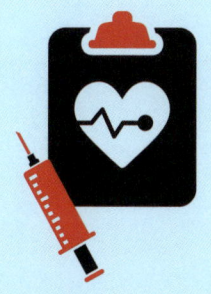

알아두면 힘이 되는 의학 용어 풀이

수혈 치료를 목적으로 다른 사람의 피를 주고받는 것. 심한 사고로 피를 많이 흘리거나 빈혈이 심한 경우, 수술할 때 진행한다. 백혈병이나 혈우병처럼 혈액 안에 필요한 성분을 제대로 만들지 못할 경우에도 수혈을 받는다. 우리나라에서는 대한적십자사에서 헌혈 받은 혈액을 이용한다. 헌혈은 한 번에 500밀리리터까지 가능하다. '혈액 관리법'에 따르면 헌혈을 할 수 있는 사람은 16세 이상 69세 이하이며, 간염이나 에이즈 등의 전염성 질환이 없어야 하고, 알코올 중독자나 마약 중독자는 불가하다. 혈압이 너무 낮거나 몸무게가 너무 적은 경우도 헌혈하기 어렵다.

항원 어떤 물질이 몸 안에 들어왔을 때 면역 반응을 일으키면서 항체를 만드는 물질을 말한다. 예를 들면 세균이나 바이러스, 꽃가루, 먼지 등이 있다.

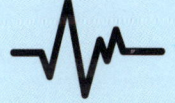

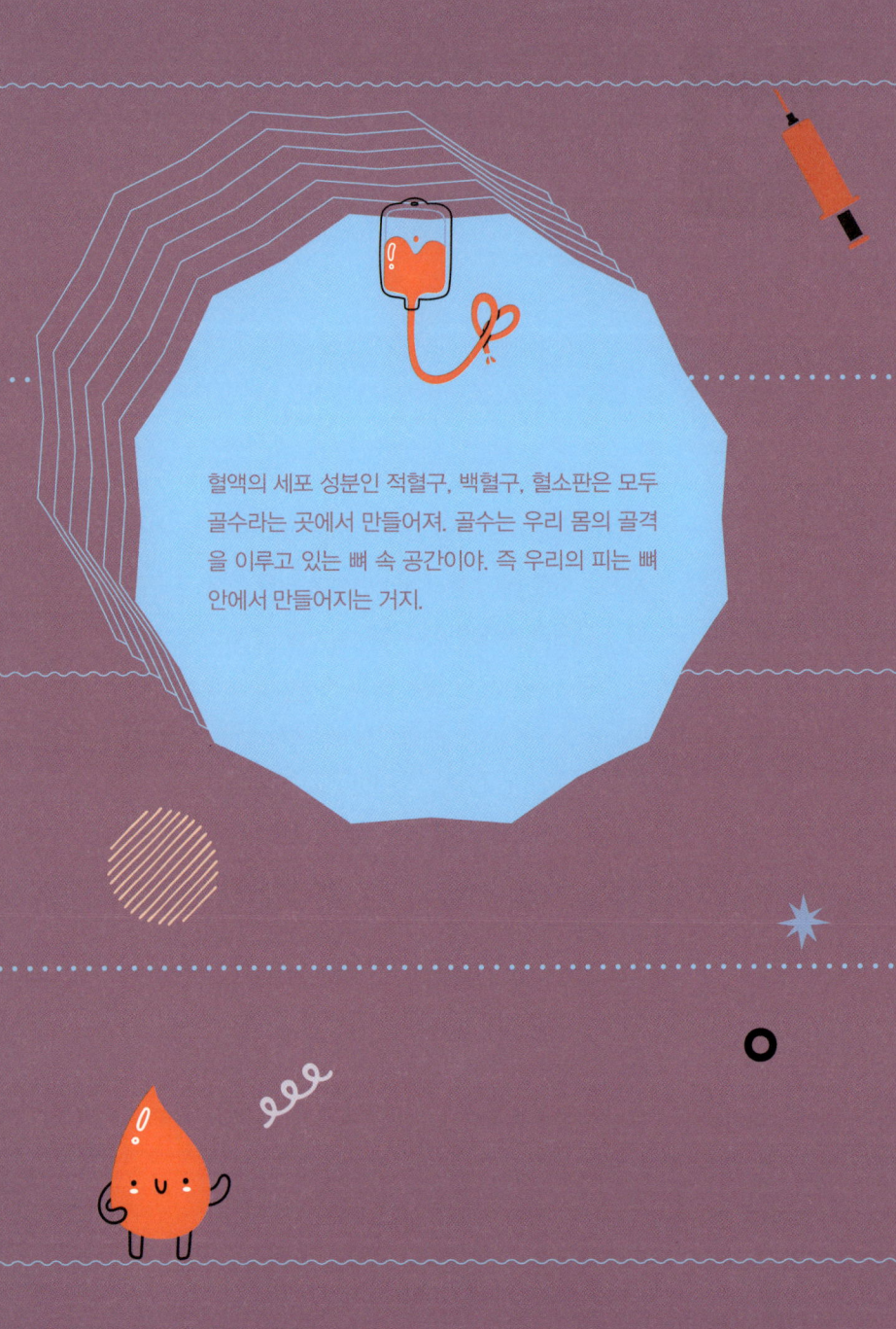

혈액의 세포 성분인 적혈구, 백혈구, 혈소판은 모두 골수라는 곳에서 만들어져. 골수는 우리 몸의 골격을 이루고 있는 뼈 속 공간이야. 즉 우리의 피는 뼈 안에서 만들어지는 거지.

7

혈액 세포는 어떻게 만들어질까?

골수에서 만들어지는 혈액 세포와 줄기 세포

태어나기 전부터 만들어져서 생명을 다할 때까지 우리 몸 속 혈관을 끝없이 도는 혈액은 과연 어디에서 만들어지는 걸까?

혈액의 세포 성분인 적혈구, 백혈구, 혈소판은 모두 **골수**라는 곳에서 만들어져. 골수는 우리 몸의 골격을 이루고 있는 뼈 속 공간이야. 즉 우리의 피는 뼈 안에서 만들어지는 거지.

뇌세포는 뇌라는 기관에서 만들어지고, 간세포는 간이라는 기관에서 만들어지며, 근육세포는 근육이라는 조직에서 만들어지는데 혈액은 골수에서 만들어진다는 게 특이하지?

세포가 모이면 '조직'이라고 부르고, 조직이 모여서 '기관 **또는 장기**'이 만들어져. 다른 기관이나 조직의 세포들은 함께 모여 있는 데 반해 혈액은 세포들이 모인 조직이지만 혈관 속을 흘러 다녀야 하므로 모여서 덩어리를 만들 수가 없어.

 게다가 혈액 세포는 만들어진 후 오래 살지 못해. 적혈구는 120일 정도 되면 노화되어 파괴되고, 백혈구는 미생물과 싸우면서 며칠에서 몇 달이면 죽지. 혈소판도 10일 정도밖에 살지 못해. 그래서 혈액 세포들은 계속 만들어져야 하고 어딘가 안전한 곳에서 만들어질 필요가 있어. 그러다 보니 결국 단단한 조직인 뼈 안에서 만들어지게 된 것이 아닐까 추측하고 있어.

 혈액은 우리가 엄마의 자궁 속에서 생길 때부터 골수에서 생산되기 시작해. 그러다가 나이가 들면 팔다리 뼈의 골수에서는 혈액 세포 생산을 멈추고, 골반뼈, 갈비뼈, 척추뼈와 같은 골수에서만 만들어지지.

 이렇게 혈액이 만들어지는 곳이 바뀌는 이유는 뭘까? 인류의 조상들은 성인이 되면 사냥을 하거나 전투를 치르면서 팔이나 다리뼈를 다치는 경우가 많았을 거야. 그러다 보니 자연스럽게 혈액 세포를 만들지 않는 방향으로 진화가 일어난 것으로 생각하고 있어.

 골수에는 세 종류의 혈액 세포로 발달할 수 있는 능력을 가진 '줄기세포'가 있어. 나무의 뿌리에서 줄기가 자라고, 줄

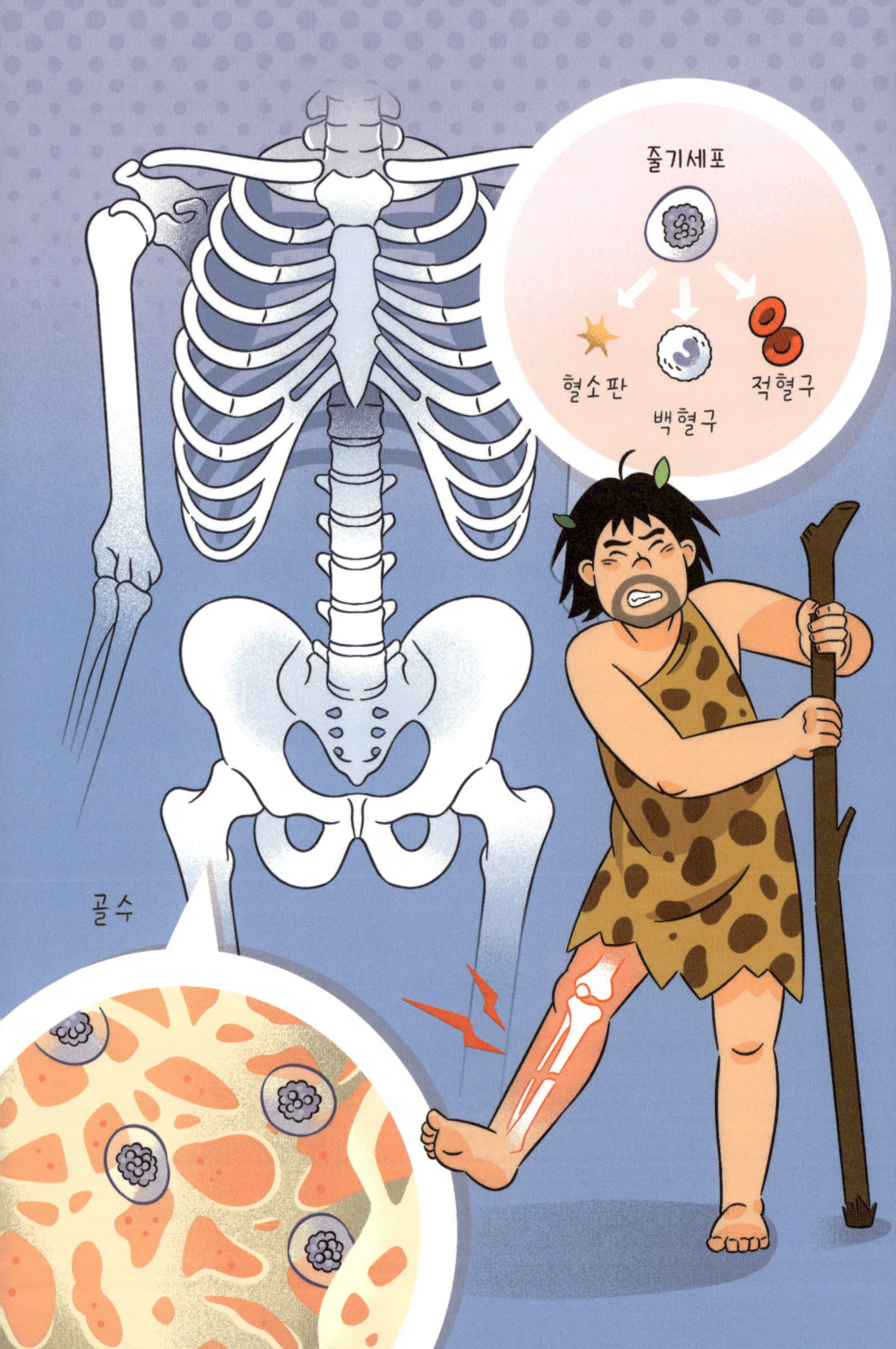

기에서 가지가 자라는 것처럼, 가지로 자라날 수 있는 줄기 역할을 하는 세포라는 의미로 줄기세포라고 하지.

골수 줄기세포는 적혈구로 성장해 나갈 수도 있고, 다섯 종류의 백혈구로 성장할 수도 있으며, 혈소판으로 성장할 수도 있어. 그만큼 어린 세포이기 때문에 그 속에 DNA가 아주 활발하게 만들어지고 있고 우리 몸에 위험한 물질인 약물이나 화학물질, 방사선 등이 들어오면 쉽게 손상되거나 유전자 변형이 일어나기 쉬워.

이렇게 줄기세포가 손상되어 이상한 혈액 세포가 만들어지는 것이 **혈액암**이야. 대표적인 혈액암은 백혈구가 이상하게 변해 자라나는 '백혈병'이지.

적혈구가 만들어지는 과정

혈액 속에 적혈구가 부족하게 되면, 골수에 있는 줄기세포가 적혈구로 분화해서 발달하게 돼. 우리 혈액에 포함된 적혈구의 정상 수치는 앞에서 살펴본 것처럼, 혈액 1마이크로리터 안에 500만 개 정도, 혈액 전체로는 30조 개 정도야. 그렇다면 혈액 속에 있는 적혈구의 숫자를 어떤 세포나

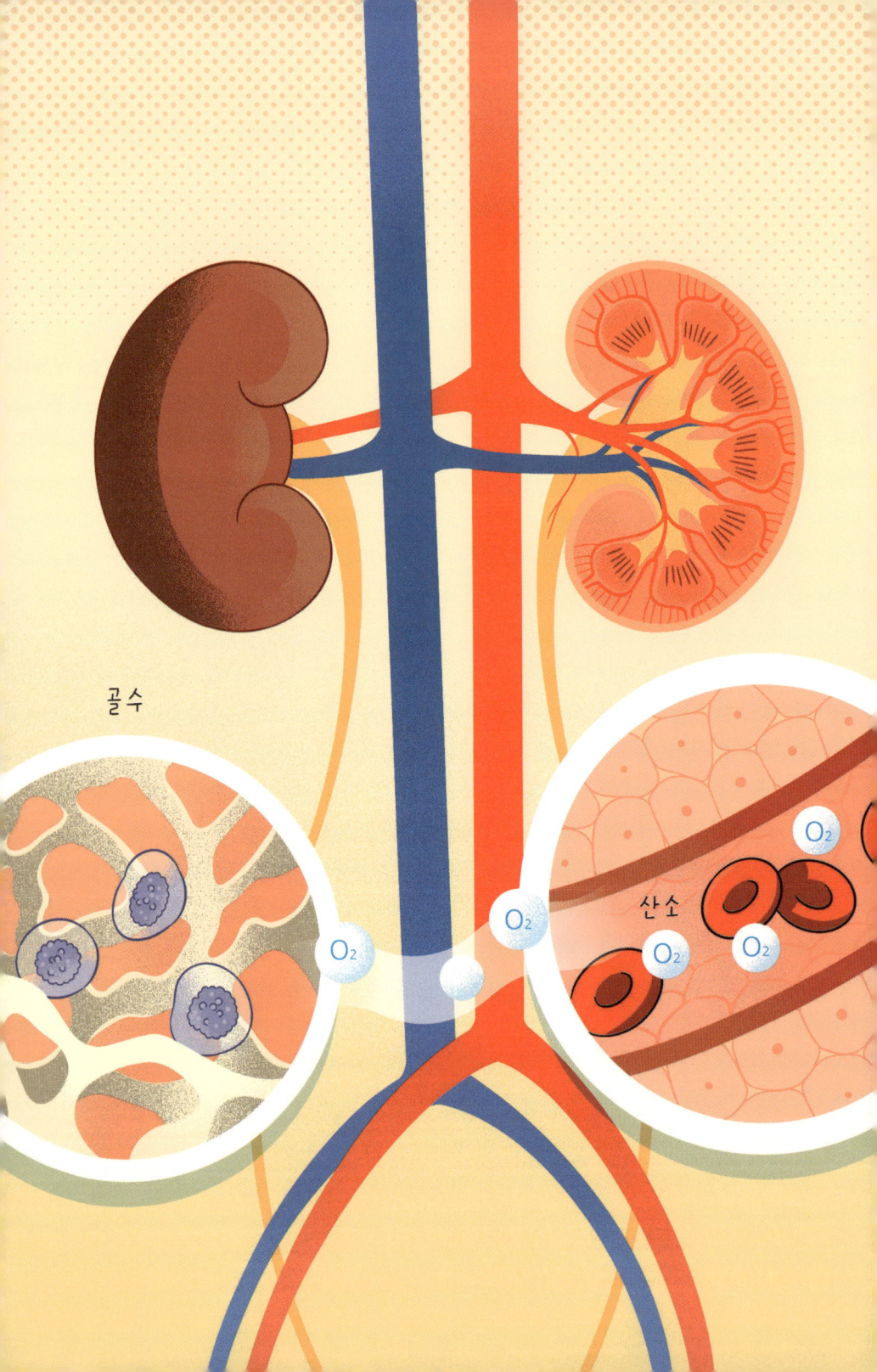

조직이 감시하고 있다가 줄어들면 골수에서 적혈구를 만드는 걸까? 실제로 혈액 속의 적혈구 숫자를 감시하는 세포나 조직은 없어. 대신 적혈구의 가장 중요한 기능인, 산소 운반이라는 기능이 정상적으로 이루어지고 있는지를 감시하는 세포가 있지. 그래서 산소 운반이 잘 안 되면 그 정보를 골수로 보내 줄기세포가 적혈구로 발달하게 만들지.

우리 몸에서 산소 운반이 잘 되고 있는지를 감시하는 세포는 콩팥^{또는 신장}에 있는 세포야. 콩팥은 세포들이 산소와 영양분을 이용한 다음 만들어내는 찌꺼기인 노폐물이 혈액으로 들어가면 이것을 소변으로 제거하는 역할을 하는 기관이지. 혈액 속에 쌓여가는 노폐물을 여과 작용을 통해 소변으로 제거해야 하므로 콩팥에는 아주 많은 혈액이 흐르고 있거든.

콩팥을 구성하고 있는 세포들이 혈관 속에 산소가 줄어들면 산소 부족을 감지한 후 호르몬을 분비해. 이 호르몬은 골수로 가서 줄기세포를 자극하지. 그러면 줄기세포에서 적혈구가 만들어지고, 산소 운반을 원활하게 할 수 있게 되는 거야.

백혈구가 만들어지는 과정

　백혈구의 생산은 적혈구와는 다른 방식으로 일어나. 백혈구가 하는 일은 우리 몸에 침입한 미생물이나 암세포 같이 이상하게 변화된 세포를 제거하는 것이므로, 상황에 따라 백혈구의 생산도 달라져.

　혈액 속의 정상적인 백혈구 숫자는 혈액 1마이크로리터 안에 4,000개에서 10,000개 사이야. 최소와 최대의 차이가 너무 많은 것 아니냐고? 백혈구는 측정할 때마다 수시로 숫자가 달라져. 그 이유는 미생물이 수시로 우리 몸으로 들어오기 때문이야. 그때마다 골수 속의 백혈구를 바로 바로 혈액으로 내보내야 하거든.

　다섯 종류의 백혈구, 즉 호중구, 림프구, 단핵구, 호산구, 호염기구가 하는 일은 각각 달라.

　평상시에는 주로 호중구와 대식세포가 우리 몸으로 들어오는 미생물과 싸우지. 세균이나 바이러스 같은 미생물이 우리 몸에 들어오면 혈액 속에서 돌아다니고 있던 호중구와 대식세포가 앞장 서서 미생물을 해치워. 그러면서 동시에 미생물 감시자 역할을 하는 림프구와 대식세포가 골수에서 호중구와 대식세포로 발달할 수 있는 백혈구를 생산하도록 자극하는 여러 가지 화학물질을 분비하는 거야. 이 화학물질의 자극을 받은 골수에서는 줄기세포를 변화시켜 호중구와 대식세포가 될 세포인 단핵구를 만들어내게 돼.

정상 세포였던 세포가 암세포로 변화하면, 면역 감시 세포인 림프구와 대식세포가 재빨리 알아차리지. 그런 다음 암세포를 죽일 수 있는 림프구를 생산하도록 골수를 자극하는 화학물질을 분비해 림프구의 생산을 늘리는 거야.

우리 몸에 기생충이 침입하면 호염기구가 알아차리고 기생충과 싸우게 돼. 이때 면역 감시 세포인 림프구와 대식세포가 화학물질을 분비해 골수에서 호염기구의 생산을 늘리도록 만들어.

또 알레르기 반응을 일으키는 항원이 들어오면 호산구가 반응해서 알레르기 반응을 일으키고 이때 면역 감시 세포인 림프구와 대식세포가 화학물질을 분비해서 골수를 자극하고 호산구의 생산이 늘어나게 되는 거야.

혈액 세포 중에서 혈소판은 혈관이 다쳐서 피가 날 때 출혈을 멈추는 지혈 과정에서 중요한 역할을 하는 세포야. 혈소판도 골수에서 만드는데 우리 몸에서 출혈이 일어나 많이 사용되면 혈소판 형성 호르몬이 분비되어 골수를 자극하므로 줄기세포로부터 혈소판이 많이 만들어지게 돼. 혈소판이 하는 일에 대해서는 뒤에서 자세히 살펴볼게.

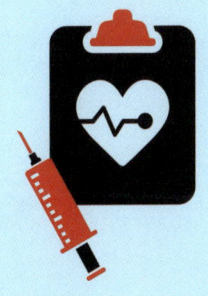

알아두면 힘이 되는 의학 용어 풀이

골수   뼈 속을 채우고 있는 부드러운 조직으로 혈액 세포를 만든다. 성인의 경우 약 2.6kg의 골수를 가지고 있다. 골수에는 조혈모세포라고 하는 줄기세포가 있어서 세 종류의 혈액 세포로 분화할 수 있다. 골수에 이상이 생기면 다른 사람의 골수를 이식받기도 한다.

혈액암   혈액을 만드는 유전자에 이상이 생긴 병이다. 비정상적인 백혈구가 늘어 정상적인 백혈구나 적혈구, 혈소판이 만들어지는 데 문제가 생긴다. 백혈구에 암이 생기면 백혈병이라고 한다.

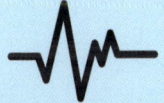

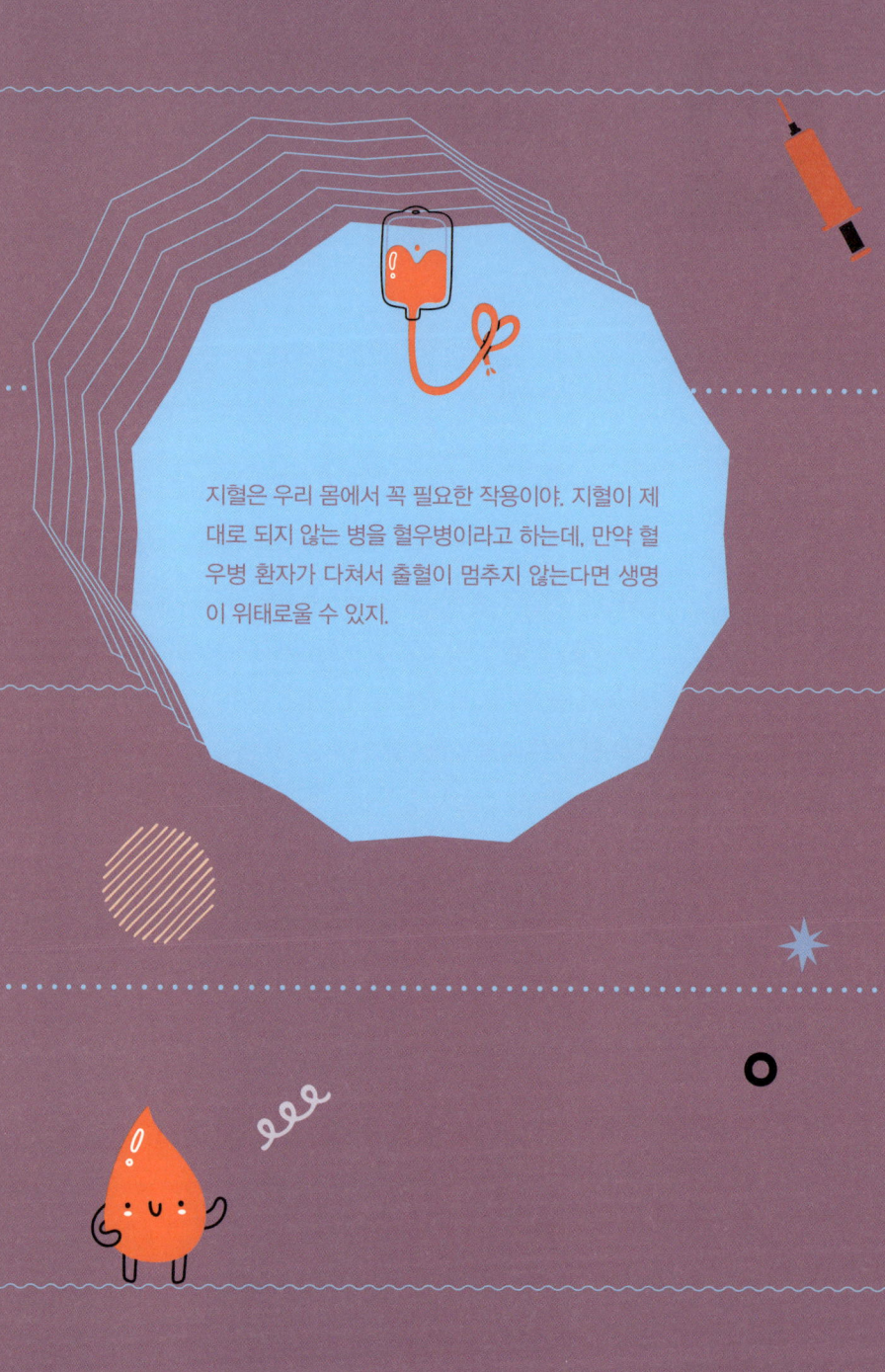

지혈은 우리 몸에서 꼭 필요한 작용이야. 지혈이 제대로 되지 않는 병을 혈우병이라고 하는데, 만약 혈우병 환자가 다쳐서 출혈이 멈추지 않는다면 생명이 위태로울 수 있지.

8

피는 어떻게 저절로 멈출까?

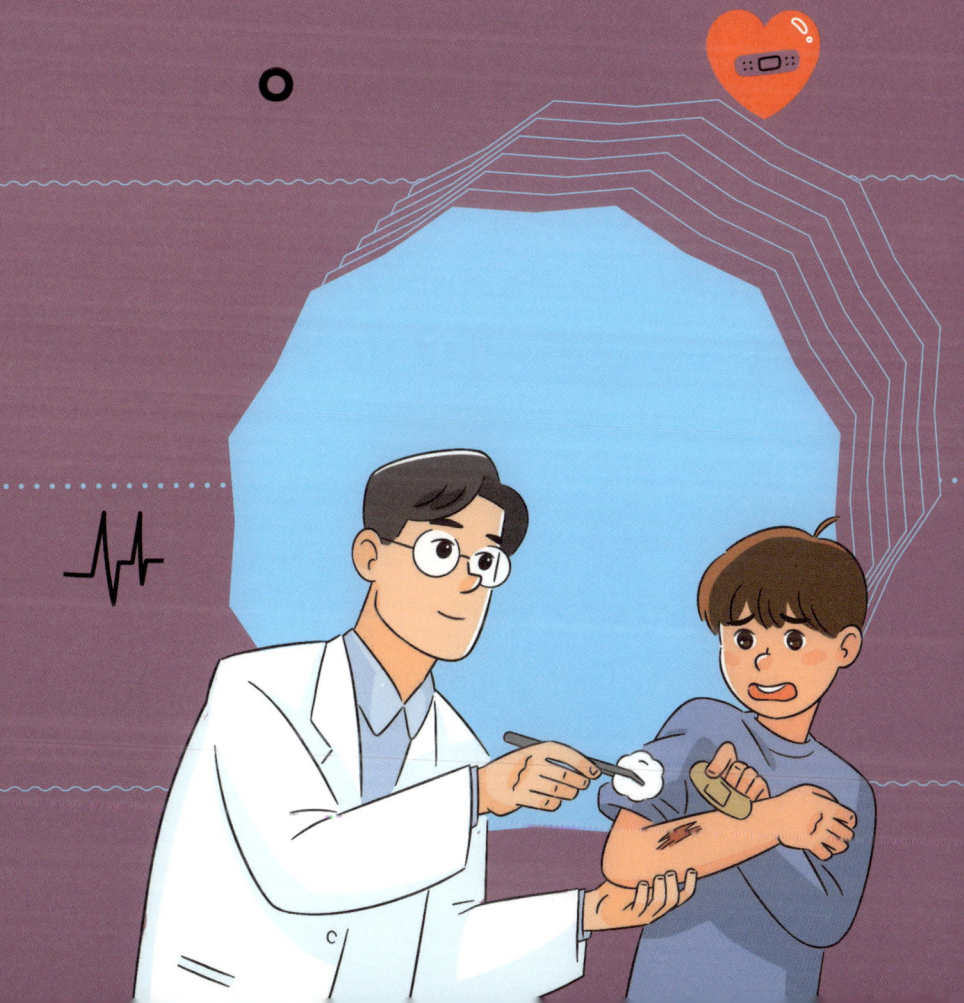

출혈과 지혈

뛰어가다가 넘어진 경험이 있을 거야. 무릎에서 피가 조금 흘러도 자동차 사고처럼 큰 혈관이 다친 것이 아니라면 대부분 몇 분이 지나기 전에 피가 굳으면서 멈추는 것을 볼 수 있어. 이렇게 혈관이 다쳐서 피가 혈관 밖으로 나오는 것을 '출혈'이라고 해. 그런데 어떻게 가만히 두어도 저절로 피가 굳으면서 멈추는 '지혈'이 되는 걸까? 그리고 이렇게 저절로 피가 굳어서 지혈이 된다면, 혈관 속에 있는 혈액은 왜 굳지 않고 계속 흐르는 걸까?

지혈은 우리 몸에서 꼭 필요한 작용이야. 지혈이 제대로 되지 않는 병을 **혈우병**이라고 하는데, 만약 혈우병 환자가 다쳐서 출혈이 멈추지 않는다면 생명이 위태로울 수 있지.

반대로 지혈이 너무 잘 일어나는 질병도 있어. 바로 '동맥경화'지. 동맥경화는 혈관이 딱딱해지고 거칠어지면서 혈액의 지혈이 일어나는 병이야.

보통은 혈액 속에 있는 어떤 특별한 물질 덕분에 혈액이 굳지 않고 잘 흘러갈 수 있어. 그러다가 혈관이 다치면 다른 특별한 물질이 지혈을 일으켜서 출혈을 멈추게 하는 거야.

지혈의 3단계

다쳐서 출혈이 일어날 때 지혈 과정을 알아볼게. 지혈은 3단계에 걸쳐서 일어나.

첫 번째 단계는 손상된 혈관이 수축하면서 출혈이 멈추는 거야. 혈관 중에서 가장 가는 혈관인 '모세혈관'을 제외하면 모든 혈관의 벽에는 근육 세포가 있어. 근육이라고 하면 팔다리에 붙어 있는 울퉁불퉁한 근육을 생각할 수 있지만, 우리 몸에는 보이지 않는 여러 곳에 근육이 있지. 앞에서 심장도 근육이라고 했지? 이처럼 혈관이나 위장관 벽에도 **평활근**이라는 근육이 있어서 혈관이나 위장관이 늘어나고 줄어들 수 있게 해 주는 거야. 위장관은 수축과 이완을 해야 음식물을 소화하고 이동시킬 수 있고 혈관은 수축과 이완을 하면서 혈액의 흐름을 조절하는 거지. 하지만 혈관이 손상

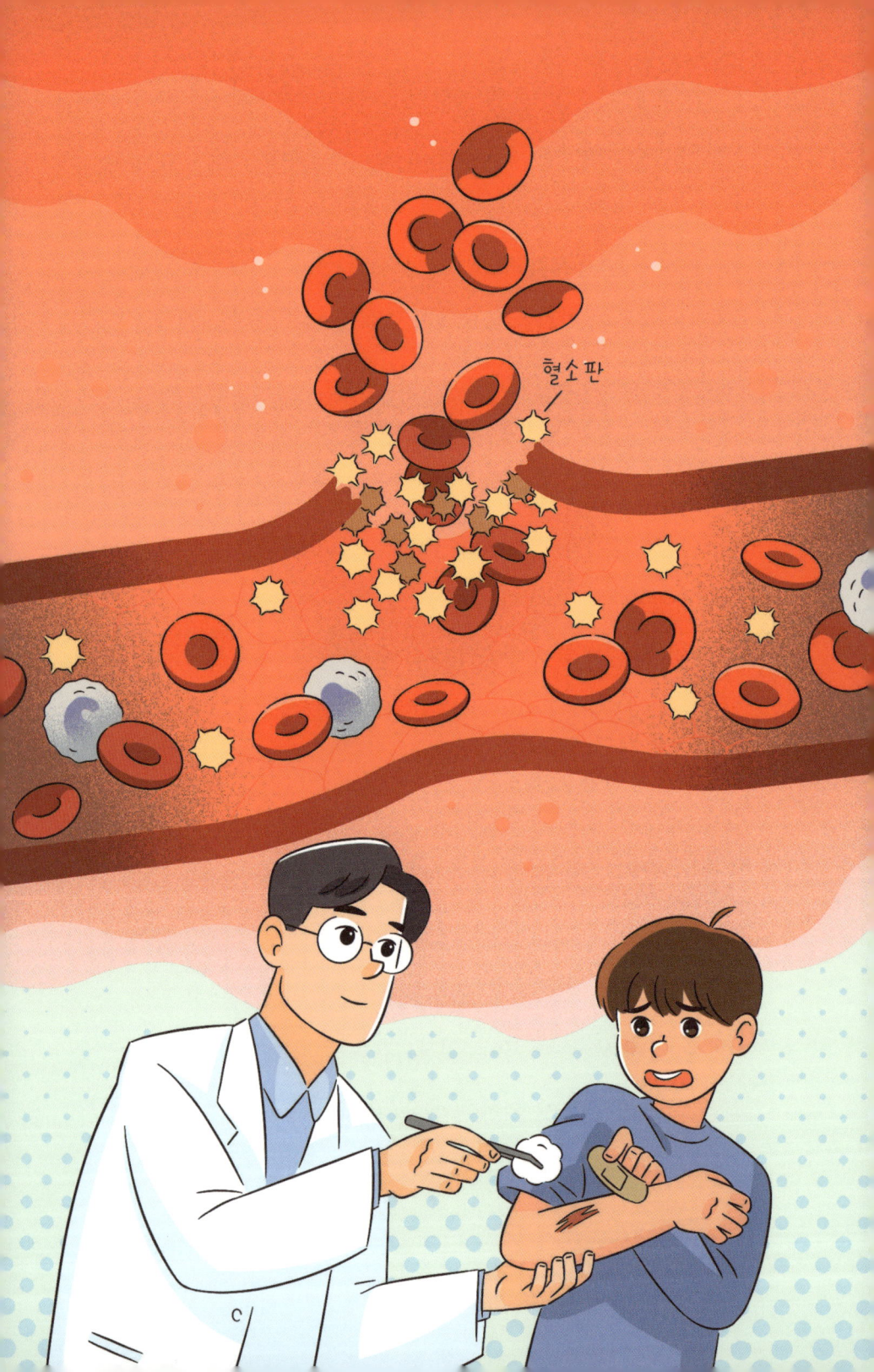

되면 혈관 벽 속에 있는 평활근이 줄어들면서 혈관을 강하게 수축시켜 1단계의 지혈이 일어나. 하지만 이것은 오래 유지되지 않기 때문에 몇 분 안에 지혈의 두 번째 단계가 일어나야 해.

지혈의 두 번째 단계는 혈액의 세포 성분 중 하나인 혈소판이 많이 모여 마개를 만들어 손상된 혈관의 구멍을 막는 거야. 혈소판은 적혈구나 백혈구처럼 골수에서 만들어지는데, 처음에는 하나의 커다란 세포로 만들어진 다음 작은 조각으로 나누어져. 혈소판의 숫자는 혈액 1마이크로리터 안에 약 20~40만 개 정도가 정상이야. 만약 혈소판 생성에 문제가 있어 혈소판이 5만 개 이하로 줄어들면 지혈에 문제가 생기게 돼. 또 혈소판은 혈액이 순환하면서 수시로 일어나는 지혈 과정에 사용되므로 골수에서 만들어진 후 10일 정도밖에 살지 못 하지.

혈소판은 혈액 속을 돌아다니면서 정상적인 혈관에는 달라붙지 않아. 그러다가 손상된 혈관을 발견하면 혈관 벽 속이나 혈관 밖에 있는 '콜라젠'이라는 섬유에 달라붙으면서 혈소판 마개를 만드는 거야.

혈소판이 콜라젠 섬유에 달라붙는 현상에는 전기적인 힘

이 작용해. 콜라젠 섬유는 콜라젠 단백질로 만들어진 섬유 모양의 물질로, 우리 몸 세포와 주위 조직의 형태를 유지하는 기둥과 같은 역할을 하고 있어. 우리 몸 단백질 전체의 1/4 정도를 차지할 정도로 기본 성분이지. 그런데 이 콜라젠 섬유는 표면이 전기적으로 음성-을 띠고 있고 혈소판 같은 세포들은 전기적으로 양성+을 띠고 있어.

정상적인 상태에서는 혈관 속을 흘러 다니는 혈소판 표면이 양성이고, 혈관 벽의 가장 안쪽 층을 덮고 있는 세포인 혈관내피세포도 세포막이 양성을 띠고 있으므로 서로 반발해서 혈소판이 혈관 벽에 달라붙지 않고 흘러갈 수 있어. 그러다가 혈관이 손상되어 혈관 벽 속이나 주위에 있는 콜라젠 섬유가 노출되면 콜라젠의 음성 전기에 끌려서 혈소판이 달라붙게 되고, 달라붙은 혈소판이 다른 혈소판을 다시 불러 모으는 작용이 일어나 큰 덩어리인 혈소판 마개를 만들게 되는 거지. 이것이 지혈의 두 번째 단계야.

혈소판이 마개를 만들어서 혈관에 생긴 구멍을 막아 주는 기능은 다치거나 사고가 없는 정상적인 상황에서도 자주 일어나는 현상이야. 혈관 중에서 가장 작은 모세혈관과 작은 정맥인 '세정맥'은 두께가 아주 얇아서 작은 충격이나 압박만 있어도 혈관에 구멍이 생기거든.

　예를 들면 책상에서 일어나다가 모서리에 살짝 부딪히기만 해도 피부가 파랗게 멍드는 경우가 있잖아? 이것도 부딪힌 부위에서 작은 혈관들이 손상을 입고 혈액이 빠져나와서 생긴 거야. 또 오래 앉아 있으면 의자에 눌리는 엉덩이나 허리의 피부 속 작은 혈관에 출혈이 생길 수 있어.

　하지만 우리는 출혈이 생기는 것을 전혀 알 수가 없지. 왜냐하면 이럴 때 생기는 작은 혈관 손상을 곧바로 혈소판이 출동해서 출혈이 생기지 않도록 막기 때문이지. 하지만 만약 혈소판이 부족한 사람이라면 작은 출혈이 여러 곳에 일어나고 그 때문에 피부에 검붉은 반점이 많이 보일 수 있어.

　작은 혈관에 생긴 구멍이나 손상은 혈소판이 곧바로 지혈시키지만, 조금 큰 혈관이 손상되면 혈소판이 만든 마개만으로는 안정적인 지혈이 되지 않아. 예를 들어 병원에서 혈액검사를 위해 주사기로 혈액을 뽑을 때도 손상이 생기는데 이때는 혈소판 마개만으로는 지혈이 어려워. 그래서 지혈의 세 번째 단계가 필요해.

　지혈의 세 번째 단계인 '혈액응고' 작용은 혈액 속에 있는 여러 단백질 효소가 작용하는 복잡한 과정이야. 조금 큰 혈

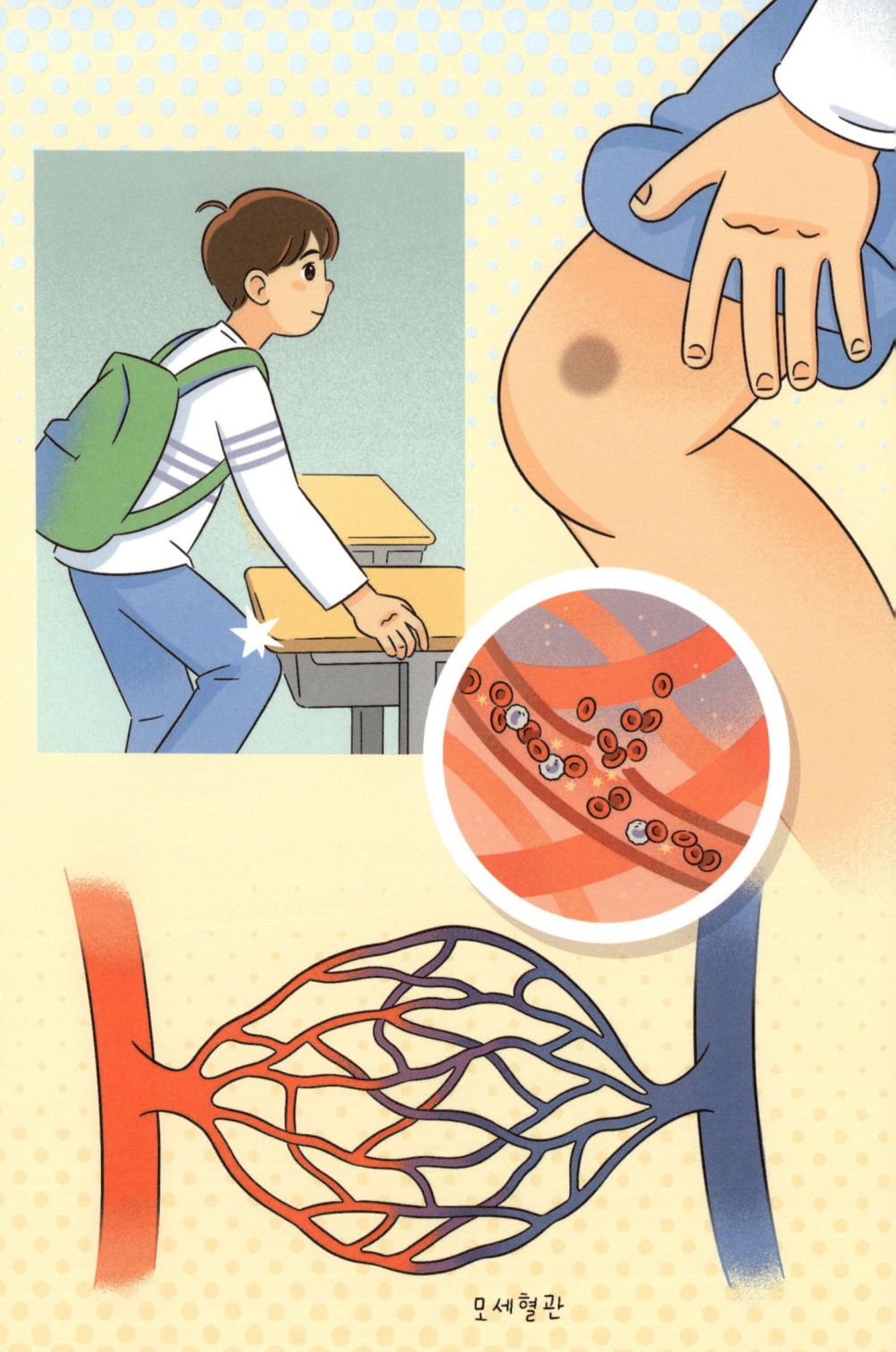

모세혈관

관이 손상되었다면 지혈의 첫 번째 단계인 혈관 수축이 일어나고, 두 번째 단계인 혈소판 마개가 만들어진 다음, 세 번째 단계인 혈액응고 과정이 일어나야 단단하게 지혈이 완성될 수 있어.

혈액응고는 혈액 속에 있는 단백질인 섬유소원 같은 물질들이 단계적으로 반응해 마지막에 '섬유소'라는 실을 만들고, 이 실을 엮어 그물을 만들면서 완성되는 과정이야. 이렇게 혈액응고 과정에 관여하는 단백질 같은 물질을 '응고인자'라고 불러. 혈관이 손상되면서 함께 손상된 혈관내피세포와 주위 조직에 있던 콜라젠 섬유가 노출되면, 혈액 속에 있던 여러 종류의 응고인자들이 손상된 내피세포와 콜라젠 섬유에 달라붙으면서 연속적으로 혈액응고인자들을 반응시켜서 섬유소와 그물을 만들지.

마지막으로 만들어진 그물 속에 혈소판 마개와 주위에 있는 적혈구를 포함한 세포 덩어리를 그물이 단단하게 감싸 흐트러지지 않게 만들어 주는 거지.

지혈의 완성

1단계에서 3단계까지 지혈에 걸리는 시간은 5~6분 정도야. 그래서 병원에서는 주사기로 피를 뽑은 다음, "5분 정도 살짝 눌러 주세요."라고 말하는 거지. 충분히 안정적으로 지혈이 완성되도록 하기 위해서야.

만약 피를 뽑은 후에 충분히 눌러서 지혈시키지 않고 멈추면, 피부 밖으로 피가 조금씩 나오는 경우도 있고, 피부 속으로 피가 빠져나가 주사 자국 밑에 멍이 들 수도 있어.

손상된 혈관에서 지혈 작용이 일어나고 혈액응고가 완성되어 손상된 구멍을 막고 나서 1시간쯤 지나면 손상된 혈관을 복구하는 기능이 시작돼. 혈관을 구성하고 있는 조직을 원래의 모습으로 되돌리고, 혈관 주위와 피부도 원래대로 회복하기 위한 기능이지.

이때는 혈소판의 도움이 필요해. 혈소판에서 나오는 '성장인자'라는 물질이 혈관과 주위 조직 세포를 재생시켜 주는 역할을 하기 때문이야. 또한 혈관 벽에 생긴 혈액응고 덩어리는 특별한 분해효소가 작용해 섬유소 실과 그물을 분해해 없애지. 손상된 혈관이 복구되는 데는 보통 1~2주가 걸려.

책상 모서리에 부딪히면 피부에 멍이 들었다가 1~2주가 지나면 말끔하게 없어지잖아? 이것이 바로 부딪힌 충격으로 피부 속에 혈관이 터져서 생긴 혈액응고와 손상된 조직들이 원래 상태로 재생되는 거야.

그런데 이처럼 저절로 지혈과 혈액응고가 일어날 수 있다면, 혈관 속을 흐르고 있는 혈액도 저절로 굳어 버릴 수 있지 않을까? 실제로 이런 일이 일어나는 환자도 있어. 아무 문제없이 살고 있었는데 혈관 속에서 혈액이 응고되어 혈관이 막히는 거지. 특히 뇌혈관이나 심장혈관이 막히면 아주 심각한 문제가 생길 수 있어.

뇌동맥이 막히면 뇌세포에 혈액 공급이 안 되면서 그 부위의 뇌세포가 죽게 되는 '뇌경색'이 발생해. 멀쩡하던 사람이 갑자기 발음이 이상해지면서 말을 못 하고 행동이 느려지는 것이 대표적인 증상이야. 이 경우 시간이 많이 지나면 뇌세포가 완전히 죽어 버려 회복이 안 될 수 있으므로 최대한 빨리 병원에 가서 뇌혈관을 막고 있는 혈액응고를 녹여 주는 치료를 해야 해.

심장동맥이 막히는 것은 더 위험한 경우야. 심장은 항상 수축과 이완을 해야 하는데 심장동맥에 저절로 혈액응고가 일어나서 심장동맥을 막게 되면 심장 세포에 혈액이 공급되지 않아 심장근육 세포가 기능을 하지 못하고 멈추게 되거든. 이것을 '심근경색'이라고 해. 심근경색이 일어나면 갑자기 왼쪽 가슴 부위가 꽉 조이는 것 같은 심한 통증이 생겨. 심장이 멈추고 4분 안에 치료하지 않으면 뇌사가 일어나게 돼. 최대한 빨리 병원으로 가야 하는 응급 상황인 거지.

뇌경색이나 심근경색이 생기는 대표적인 이유는 혈관 속에 지방질이 쌓여서 혈관 벽이 거칠고 딱딱해지는 동맥경화 때문이야. 몸속에 지방질이 많으면 혈액 속을 돌아다니던 지방질이 혈관 벽에 달라붙어 동맥이 딱딱해지고 탄력을 잃는 동맥경화가 쉽게 생기거든.

항응고 작용과 헤파린

정상적인 상황에서 혈관 속에 혈액응고가 일어나지 않고 잘 흐르도록 도와주는 것을 '항응고 작용'이라고 해. 우리 혈관과 혈액 속에는 항응고 작용을 도와주는 물질이 있어. 이것을 '항응고제'라고 불러. 항응고 작용이 일어나는 것은 혈관 벽의 가장 안쪽 층을 덮고 있는 세포인 '내피세포' 덕분이

야. 내피세포의 막이 아주 부드럽고 매끄러워서 혈소판이나 혈액응고인자들이 달라붙는 것을 막아 주기 때문이지.

혈관 내피세포 이외에 다른 대표적인 항응고 작용은 '헤파린'이라는 항응고제가 중요해. 헤파린은 백혈구 중에 호염기구 세포가 많이 포함하고 있는데, 알레르기 반응이 일어나면 호염기구 속에 있던 헤파린이 나오면서 혈액응고를 막아 주지. 그래서 피부에 알레르기가 일어나면 혈관에서 혈액 성분이 혈관 밖으로 빠져나와서 피부가 붉은색으로 부풀어 오르는 현상이 생기는 거야.

호염기구가 분비하는 헤파린은 평상시에도 중요한 작용을 해. 모세혈관은 아주 가늘어서 혈액의 흐름이 많이 느리기 때문에 잘못하면 혈액 속에 있는 응고인자들이 모여 혈액을 응고시킬 수 있거든. 그래서 모세혈관 주위에는 호염기구가 많이 자리잡고 헤파린이라는 항응고제를 분비해 혈액이 응고되는 것을 막아 주지. 이 때문에 병원에서도 헤파린을 많이 사용해.

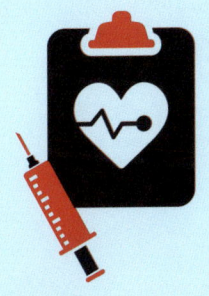

알아두면 힘이 되는 의학 용어 풀이

혈우병 돌연변이로 혈액 내 응고인자가 부족해 생기는 병. 1만 명 중 1명꼴로 발생한다. 작은 상처에도 피가 멈추지 않거나 출혈이 자주 생긴다. 70%가 유전 때문이며, 주로 남자에게 발생하는데 어머니로부터 물려받은 유전자가 원인이다. 여성의 경우 유전자에 이상이 있더라도 증상이 나타나지는 않는다.

평활근 위나 소화관처럼 관을 이루는 내부 기관을 둘러싼 근육. 뼈에 붙어 있는 근육과는 움직임이 다르다. 근육의 수축과 이완으로 관 안의 물질이 이동할 수 있는 힘을 제공한다.

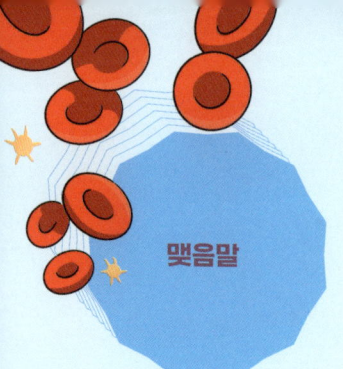

알수록 흥미롭고 재미있는 공부, 의학

맺음말

 자, 지금까지 우리 몸속을 멈추지 않고 흐르는 혈액에 대해 살펴봤어. 조금 어렵고 복잡하지만 천천히 반복해서 읽어 보면 흥미 있는 내용도 많을 거야.

 그동안 혈액에 대해 궁금해 하던 점들도 많이 해결되었겠지? 혈액이 우리 몸을 쉬지 않고 흐르는 이유가 무엇인지, 혈액은 왜 빨간색인지, 요즘 중요해지고 있는 면역이 혈액과 어떤 관련이 있는지, 사람마다 왜 혈액형이 다른지, 지혈은 어떻게 일어나는지 등등 말이야.

 이 책을 읽고 나면 의학 드라마나 영화를 볼 때 조금은 잘난 척을 할 수 있을 거야. 가족이나 친구들에게 혈액에 대해 설명해 줄 수도 있겠지. 교통사고를 당한 환자가 등장하는 응급실 장면에서는 환자의 혈액형을 알면 어떻게 수혈을 해야 하는지도 얘기할 수 있을 거야. 그러다 보면 의학 드라마가 더 흥미로워지겠지?

무엇이든 아는 만큼 보게 된다고 해. 여러분이 의학에 관심을 가지고 더 많이 알아갈수록 의학은 점점 더 흥미롭고 재미있는 공부가 될 거야. 통증을 줄이고, 질병을 고치고, 생명을 구할 수 있다는 건 참으로 멋지고 위대한 일이거든.

자, 앞으로도 흥미로운 의학 이야기는 계속될 거야. 그럼 다음 책에서 또 만나!

리틀 히포크라테스 04
우리 몸을 돌고 도는 피

초판 1쇄 발행 2024. 9. 10.
초판 2쇄 발행 2025. 5. 20.

글쓴이　조영욱
그린이　임윤미
발행인　이상용 이성훈
발행처　봄마중
출판등록　제2022-000024호
주소　경기도 파주시 회동길 363-15
대표전화　031-955-6031
팩스　031-955-6036
전자우편　bom-majung@naver.com

ISBN 979-11-92595-50-4 73510

값은 뒤표지에 있습니다.
잘못된 책은 구입한 서점에서 바꾸어 드립니다.
본 도서에 대한 문의사항은 이메일을 통해 주십시오.

봄마중은 청아출판사의 청소년·아동 브랜드입니다.